COMPREHENDRE

revista catalana de filosofia

Comprendre. Revista catalana de filosofia. Coeditada per Herder Editorial i Facultat de Filosofia de la Universitat Ramon Llull. Els originals per sotmetre a consideració del Consell de redacció cal enviar-los a:

Comprendre. Revista catalana de filosofia
Campus La Salle Barcelona
Facultat de Filosofia
Universitat Ramon Llull
C/ Sant Joan de La Salle, 42 - 08022 Barcelona
Tel. (00) - 34 - 932902044
comprendre@salle.url.edu
https://www.salleurl.edu

Per a subscripcions i comandes
Herder Editorial
Tel. 934762640 - Fax 932073448
revista@herdereditorial.com
http://www.herdereditorial.com

Preu exemplar: 13,50 € (IVA inclòs)
Preu de subscripció: 20 €/any (IVA inclòs)
Periodicitat semestral

COMPRENDRE està indexada a ERIH Plus, IBZ (Internationale Bibliographie der geistes-und sozialwissenschaftlichen Zeitschiftenliteratur), IBR (Internationale Bibliographie der geistes-und sozialwissenschaftlichen Literatur), ISOC (C.S.I.C.), Latindex (UNAM, Mèxic), Philosopher's Index, Répertoire bibliographique de la philosophie. COMPRENDRE ha estat seleccionada per Elsevier a fi de ser indexada a SCOPUS des de desembre de 2015

Maquetació: Fotoletra, SA

Coberta: Michel Tofahrn
Impressió: Fotoletra, SA
Dipòsit legal: B-31.512-2012
ISSN: 1139-9759
ISSN electrònic: 2385-5002

COMPREHENDRE

revista catalana de filosofia

Vol. 27/1 Any 2025

Comentari bibliogràfic / Bibliographic Review

Ressenyes / Reviews

E. Joaquín SUÁREZ-RUÍZ y Rodrigo LÓPEZ-ORELLANA

En su libro *Moral tribes* (2013), el filósofo Joshua Greene analiza la moralidad humana desde un enfoque que es compatible tanto con la investigación filosófica como, al mismo tiempo, con la neurocientífica. Por un lado, sostiene que la teoría de la evolución por selección natural es necesaria para reconocer una de las fuentes más importantes de los conflictos morales, y se trata, en sus términos, del nivel Nosotros-Ellos de las relaciones humanas (las dinámicas *ingroup-outgroup*). Por otro lado, afirma que una investigación de ciertos aspectos del cerebro humano, relacionados con el vínculo entre «razón» y «emociones», resulta relevante para esbozar posibles soluciones a los problemas morales en cuestión. Con el fin de realizar estos análisis, el filósofo se apoya en las «teorías de proceso cognitivo dual» en cuanto aplicadas al dominio de la moral. Es decir, aquellas teorías que distinguen entre, siguiendo a Daniel Kahneman, un Sistema 1 y un Sistema 2. Así, los aportes de Greene residen en que, en primer lugar, ahonda en las implicaciones morales de las dinámicas intragrupo-extragrupo desde una perspectiva evolutiva y, en segundo lugar, incluye el potencial aporte de la investigación neurocientífica para su comprensión y para la búsqueda de potenciales soluciones.

Respecto del primer aporte, como punto de partida, Greene recurre a un dilema económico denominado «tragedia de los bienes comunes» (*tragedy of the commons*), originalmente planteado por el ecólogo Garrett Hardin. En este se expone una situación hipotética en la que un grupo de pastores dispone de un prado de acceso libre para criar su rebaño. Ninguno de ellos es poseedor del prado en cuestión, por lo que cada uno puede situar la cantidad de ovejas que quiera. La «tragedia» sucede cuando cada pastor intenta sacar todo el beneficio posible de la pradera de acceso abierto añadiendo más ovejas a su rebaño, lo cual acarrea un rápido deterioro de las condiciones del recurso limitado que representa el terreno. Es decir, a mayor cantidad de ovejas por pastor, el índice de consumo pasa a ser mucho mayor al índice de crecimiento de los pastos, degradando el suelo y acarreando un daño para todos los pastores. El resultado es que ninguno de los pastores obtiene beneficios a través del comportamiento egoísta generalizado (es más, todos se terminan viendo perjudicados).

Este problema resalta la relevancia del comportamiento cooperativo, dado que el modo de evitar el deterioro de la pradera y, en consecuencia, el perjuicio de todos los pastores es mediante el control del número total de ovejas. Esto sólo puede realizarse mediante la cooperación mutua entre ellos, es decir, estipulando un número finito de ovejas por persona según la cantidad total que puede soportar la pradera. De esta manera, los problemas que conlleva una postura egoísta pueden ser resueltos mediante la actitud cooperativa entre los agentes, habilitando un beneficio generalizado de ese recurso de acceso libre. Sobre esto, Greene reflexiona:

> La esencia de la moral es el altruismo, la disposición a pagar un costo personal para beneficiar a otros. Los pastores egoístas seguirán agregando animales a sus rebaños hasta que los costos individuales superen los beneficios individuales y esto, como vimos, lleva a la ruina. Los pastores morales, sin embargo, pueden estar dispuestos a limitar el tamaño de sus rebaños en su preocupación por los otros, a pesar de que tal restricción imponga un costo neto sobre sí mismos. Por lo tanto, un grupo de pastores morales, por su disposición a poner el Nosotros delante del Yo, puede evitar la «tragedia de los bienes comunes» y prosperar. (Greene, 2013: 23)

La interpretación que Greene realiza del experimento mental de Hardin busca explicitar que existe cierta predisposición innata de los seres humanos a garantizar el vínculo Yo-Nosotros, por el hecho de que la evolución humana estuvo marcada por un fuerte vínculo social que permitía hacer frente a adversidades de maneras más efectivas que las estrategias egoístas. En este punto de la argumentación, Greene ofrece una definición propia de «moral» en cuanto «un conjunto de adaptaciones psicológicas que permiten a individuos, de otro modo egoístas, cosechar los beneficios de la cooperación» (2013: 23). Paralelamente, advierte que este fuerte vínculo intragrupal favorecido por la evolución y que es la base de lo que hoy comprendemos como «moral», posee una consecuencia complementaria.

Siguiendo la situación hipotética de los pastores y suponiendo que la primera situación habría quedado resuelta mediante el arreglo basado en la cooperación mutua, Greene suma a la escena la llegada de tribus ajenas a la que conforman los pastores, ya ubicados con sus respectivas familias, las cuales se establecen no muy lejos de ellos. Cada una de esas tribus estaría compuesta por «pastores morales», pero habría resuelto de manera distinta su versión particular del dilema de los bienes comunes, es decir, no solo a través de cierta tendencia innata a la cooperación sino de características culturales locales (simbologías, creencias espirituales, roles de género, estamentos sociales, códigos de conducta, ordenamientos más jerárquicos o más horizontales, etc.). Dado que esas características culturales locales varían dependiendo de cuál sea el grupo, una vez que las tribus se encuentran y afloran las diferencias intergrupales, surgen las tensiones. A partir de rispideces en relación con costumbres y creencias dispares, la escalada de conflictos va en aumento. Se efectivizan primero con ligeros disturbios que se hacen cada vez más agresivos, hasta el punto en el que resulta imposible cualquier tipo de pacto cooperativo entre las tribus.

En el ejemplo, todas las tribus poseen una moral cooperativa hacia el interior de su grupo, pero no logran ponerse de acuerdo entre ellas. En otras palabras, el marco del proceso evolutivo que favoreció grupos humanos con fuertes vínculos cooperativos hacia su interior, no favoreció lo mismo a nivel de la relación «intergrupal». De manera análoga a la denominación del primer dilema expuesto, Greene caracteriza a esta situación como la «tragedia de la moral de sentido común» (2013: 5). Esto es, cada grupo es poseedor de una moral intragrupal surgida de la predisposición a favorecer el vínculo Yo-Nosotros (presente en mayor o menor grado en cada uno de los miembros), pero esta misma moral es la que dificulta la existencia de una moral intergrupal que sortee las diferencias particulares para con otras tribus que también han desarrollado características morales culturalmente situadas. El conjunto de adaptaciones psicológicas que favorecen la moral en el contexto de la «tragedia» anterior muestran no ser tan efectivas en este caso. Sacando algunas conclusiones de sus historias, el filósofo señala:

> Dos tragedias morales amenazan el bienestar humano. La tragedia original es la «tragedia de los bienes comunes». Esta es una tragedia surgida del egoísmo, de aquellos individuos que no pueden poner al Nosotros por delante del Yo. La moral fue la solución de la naturaleza a este problema. La nueva tragedia, la tragedia contemporánea, es la «tragedia de la moral de sentido común», el problema de la vida en las nuevas pasturas. Aquí, la moral es sin duda parte de la solución, pero también es parte del problema. En la tragedia contemporánea, el mismo pensamiento moral que permite la cooperación dentro de los grupos, socava la cooperación entre grupos. Dentro de cada tribu, los pastores de los nuevos pastos están unidos por sus ideales morales. No obstante, en paralelo, las tribus están divididas a causa de ellos. Se trata de una situación desafortunada, pero no debería sorprendernos, (…) la moral no evolucionó para promover la cooperación universal. Por el contrario, evolucionó como un dispositivo para lograr una competencia intergrupal exitosa. En otras palabras, la moral evolucionó para evitar la «tragedia de los bienes comunes», pero no para evitar la «tragedia de la moral de sentido común». (Greene, 2013: 25)

Si bien la moral *por defecto* favorece una cooperación a nivel intragrupal, representa, al mismo tiempo, un obstáculo a la hora de entablar vínculos extragrupales. En otras palabras, aunque los comportamientos morales hayan sido favorecidos en la evolución por achicar la distancia entre el Yo y el Nosotros y así garantizar los beneficios del vínculo cooperativo, esta no estaría preparada para la relación Nosotros-Ellos. El aporte novedoso del filósofo es, por tanto, la conceptualización del que parece ser el problema raíz de gran parte de los problemas de orden moral a nivel comunitario, a saber, la *moral de sentido común*.

El foco de Greene puesto en los problemas morales surgidos del vínculo Nosotros-Ellos es especialmente significativo en contextos en los que la polarización política está alcanzando niveles cada vez más preocupantes: en relación con los políticos profesionales, por la dificultad de llegar a acuerdos básicos y, en relación con la ciudadanía en general, por las «licencias morales» que suelen habilitarse para con los miembros del polo opuesto. Vale resaltar que la denominada «polarización afectiva» no es un fenómeno que se limita a los Estados Unidos, sino que está presente (y en aumento) también en otras regiones del globo (p. ej., Brasil, Argentina, España, etc.).

A partir de las afirmaciones de Greene, particularmente del contundente postulado de que «la moral no evolucionó para promover la cooperación universal», podríamos llegar a una conclusión pesimista: siendo que una moral intergrupal es imposible, debemos resignarnos al tipo de relaciones conflictivas que surgen y seguirán surgiendo del vínculo Nosotros-Ellos. No obstante, el filósofo argumenta que hay otro tipo de moral, uno que excede las limitaciones de la «moral de sentido común» y habilita en los seres humanos capacidades que no están presentes en otros animales no humanos. Sobre esto, Greene sostiene que, aunque la explicitación de la moral de sentido común:

> (...) hace que la moral parezca amoral o incluso inmoral (...) [l]a paradoja se resuelve cuando nos damos cuenta de que la moralidad puede hacer cosas para las que no evolucionó (biológicamente). Como seres morales, podemos tener valores que se oponen a las fuerzas que dieron origen a la moralidad. Para tomar prestada la famosa metáfora de Wittgenstein, la moral puede subir la escalera de la evolución y luego tirarla. (...) [T]enemos la posibilidad de llevar la moral en nuevas direcciones que la naturaleza nunca «pretendió». Podemos, por ejemplo, donar dinero a desconocidos que se encuentran lejos sin esperar nada a cambio. Desde un punto de vista biológico, esto es un error contraproducente, muy parecido a la invención del control de la natalidad. Pero desde nuestro punto de vista, como seres morales que podemos patear la escalera evolutiva, puede que sea exactamente lo que queremos. La moral es más de lo que evolucionó para ser. (Greene, 2013: 25)

Con el fin de desambiguar el hecho de que tras el término «moral» se encuentra tanto la «moral de sentido común» como aquella que tiene la posibilidad de «patear la escalera evolutiva», el filósofo denomina «metamoral» a la segunda. Se trata, por tanto, de un nivel moral que excede al nivel *por defecto*, constantemente condicionado por tendencias tribales. Respecto de su segundo aporte, relacionado con los correlatos neuroanatómicos de la «metamoral», Greene nos dice lo siguiente:

> El razonamiento, como ya sabemos, depende críticamente de la corteza prefrontal dorsolateral (CPFDL). (...) Muchas regiones del cerebro están involucradas en el razonamiento, incluidas regiones del cerebro que son críticas para las emociones, como la corteza prefrontal ventromedial (CPFVM). Pero existe una asimetría entre el razonamiento y la emoción en términos de cómo se relacionan entre sí. (...) El razonamiento nos libera de la tiranía de nuestros impulsos inmediatos al permitirnos servir valores que no se activan automáticamente por aquello que tenemos en frente. Y, sin embargo, al mismo tiempo, la razón no puede producir buenas decisiones sin algún tipo de aporte emocional, por indirecto que sea. (2013: 136)

Así como la corteza prefrontal dorsolateral (CPFDL) nos habilita el utilizar el razonamiento moral para determinar qué sería lo correcto cuando poseemos emociones en conflicto, del mismo modo nos permitiría dirimir conflictos en los cuales diferentes «tribus» están en desacuerdo. Por tanto, el «razonamiento», la capacidad específica que permitiría a los seres humanos llegar a una *metamoral*, neuralmente correlacionada con la CPFDL, habilitaría una superación de la moral de sentido común condicionada por emociones morales intragrupales. Gracias a dicha «metamoral» sería posible garantizar una ética intergrupal capaz de sortear los conflictos relacionados con el vínculo Nosotros-Ellos.

Los dos aportes de Greene mencionados en esta introducción abren, a su vez, múltiples discusiones. Por plantearlas en términos de algunas posibles preguntas, ¿hasta qué punto la descripción en clave evolutiva de la moral humana puede contribuir al aspecto normativo de la ética?, ¿en qué sentido sería posible fundar algo así como una «ética intergrupal» en el razonamiento sin contemplar el constante condicionamiento de emociones sesgadas por tendencias intragrupales?, ¿poner el acento en el razonamiento (CPFDL) por sobre la influencia de las emociones (CPFVM) no conlleva volver a tradiciones racionalistas que descuidan el rol de las regiones subcorticales en las decisiones y comportamientos humanos? Más allá de estas potenciales críticas, los aportes de Joshua Greene a la investigación filosófica (e incluso a la neurocientífica) representan una contribución teórico-empírica que resulta tanto polémica como estimulante para la filosofía científicamente informada actual (que en otro lado también hemos descrito como «filosofía posdarwiniana»). De allí que nos hayamos propuesto conmemorar *Moral Tribes*, un libro que se ha convertido ya en un clásico para el análisis filosófico (científicamente informado) del siglo XXI, a través de un *dossier* compuesto por estudios que exploran la obra del filósofo norteamericano.

En primer lugar, el lector se encontrará con la introducción que el profesor Greene ha realizado especialmente para este número especial. En segundo lugar, Flavio Williges (Universidade Federal de Santa Maria, Brasil) analiza críticamente la propuesta de Greene para superar el «tribalismo moral» y, en su lugar, propone una «educación sentimental» que cultive preocupaciones morales compartidas a través de la conexión emocional y el reconocimiento de la humanidad compartida. En tercer lugar, el artículo de Pedro Pérez Zafrilla (Universidad de Valencia, España) analiza la evolución de la neuroética desde sus orígenes, ilustrada a través de la obra de Joshua Greene y Jonathan Haidt, identificando dos etapas de desarrollo: una inicial con un enfoque internalista y una posterior con un enfoque externalista. En cuarto lugar, Roberto Parra (Universidad del Caribe, México) examina aspectos metaéticos del proyecto de Greene, argumentando que, aunque valioso, está afectado por la circularidad conceptual y una cercanía al realismo moral incompatible con el agnosticismo del filósofo celebrado. En quinto lugar, Sol Yuan (Universidad Nacional del Litoral, Argentina) analiza los conceptos de «tragedia de la moral de sentido común» y «pragmatismo profundo», utilizando las ideas de Wittgenstein para proponer una perspectiva contextualista pragmatista. En sexto lugar, Guillermo Lariguet (Universidad Nacional del Litoral, Argentina) y Joaquín Suárez (Universidad Nacional de La Plata, Argentina) argumentan que las dificultades relacionadas con la distinción entre lo moral y lo político que posee el utilitarismo propuesto por Greene podrían ser superadas mediante la introducción del concepto de «metapolítica».

Finalmente, esperamos que estos desarrollos contribuyan a seguir consolidando una forma de hacer filosofía que incluye, dialoga y discute con la potencial contribución de las ciencias. En relación con la obra de Joshua Greene, en particular, esperamos que favorezca la difusión entre investigadores hispanohablantes de, por un lado, sus investigaciones filosóficas-neurocientíficas y, por otro lado, sus teorizaciones articuladas con la biología evolutiva contemporánea.

E. Joaquín SUÁREZ-RUÍZ
Universidad Nacional de La Plata, CONICET

Rodrigo LÓPEZ-ORELLANA
Universidad de Valparaíso
Coordinadores del monográfico
Tribus morales: estudios en torno a la obra de Joshua Greene

INTRODUCTION

Joshua GREENE

I am deeply humbled and honored that this remarkable group of scholars has undertaken this project. And I am doubly honored to have been given this space to offer a few thoughts and words of gratitude. In addition to developing a dual-process theory of moral judgment, I have had what one might call a dual-process experience.

As a young philosopher with an eye on the natural sciences, I saw limitations in conventional philosophical ethics as well as opportunities for philosophical ideas to contribute to experimental psychology and neuroscience. As a rational argument for integrating these fields, it all made orderly sense, at least to me. But on a personal and emotional level, it felt very precarious jumping into science with limited training and a lot of explaining to do, both to scientists and philosophers, about what I was doing there. Reflecting on this special issue, which is filled with articles focused on the questions that motivated me in those early days, is extremely gratifying. This is not because everyone agrees with what I wrote or hypothesized, but because these ideas are being both developed and challenged in healthy ways. If one's aim is to develop a scientifically informed meta-morality, the project better have resonance beyond one's nearest cultural neighbors. To engage with this wider group of scholars means a great deal to me personally, and I am excited to learn from and reflect on the ideas these authors have put forth.

In considering these thoughtful contributions, I'm struck by how often their ideas, and in some cases criticisms, reflect the evolution in my own thinking since *Moral Tribes* and earlier works were published. To begin with, I am struck by the contribution from Flávio Williges ("Moral Tribes and Emotions: A Critical Analysis of Joshua Greene's Utilitarian Meta-Morality") who questions the efficacy of utilitarian reasoning for uniting moral tribes and instead recommends focusing on shared sentiments. While I continue to believe in the long-term power of reasoning, my sense of urgency about the state of political polarization in the United States (not to mention Brazil, India, Israel, and many other nations) has led me to agree with Prof. Williges.

I have spent much of the last five years developing a cooperative quiz game in which members of opposing tribes play as partners. Here, the strategy is to explicitly provide an "éducation sentimentale" of the kind that Williges recommends, and this strategy appears to work. Across four randomized controlled trials, we find that playing with a member of the opposing political tribe reduces animosity and increases respect for the outgroup, with effects lasting up to four months (Woodley *et al.*, under review). We are currently working on bringing this game out into the world, and appropriately for many of this journal's audience, the game is called *Tango* (https://letstango.org). I and my team are welcoming inquiries from academics and practitioners interested in running a Tango game at their institution.

This is just one example of a striking point of contact, but there are many others. The political shift in my own attention mirrors the thougths of Guillermo Lariguet and his suggestion of "metapolitics". Another interesting point of contact is with Roberto Parra's criticism that the meta-ethical views presented in *Moral Tribes* may be too close to moral realism to be consistent with the stated conclusions. Over time, I have found myself talking more and more like a moral realist. Indeed, sometimes in the midst of a vigorous political argument I have found myself forgetting that, at least officially, I am not one. Perhaps Parra will ultimately convince me to change my meta-ethical party identification.

I am likewise excited by the contributions of Pedro Pérez Zafrilla and Sol Yuan, respectively situating some of the ideas that I have presented in the context of the history of neuroethics and in the tradition of Wittgenstein. There are criticisms here with which I expect to disagree in the end, but rather than previewing them here, I think it is best to allow readers to give them an unbiased hearing, with only the suggestion that they return to the original work before reaching firm conclusions.

I want to express my deep gratitude to all the authors for their contributions to this volume. And I am especially grateful to editors Joaquín Suárez-Ruíz and Rodrigo López-Orellana for making this special issue possible and inviting me to be part of it. It is an extraordinary honor, and a joyful one for a philosopher-scientist who believes that ultimately, and despite our disagreements, we all belong in a single global tribe.

References

Woodley L., DeFillipis, E., Ravi, S., Greene, J.D. (under revision). *Defusing political animosity in the United States with a cooperative online quiz game.*

Joshua GREENE
Harvard University

TRIBUS MORALES Y EMOCIONES: UN ANÁLISIS CRÍTICO DE LA METAMORALIDAD UTILITARISTA DE JOSHUA GREENE

Flavio WILLIGES

Universidade Federal de Santa Maria (UFSM),
Rio Grande do Sul, Brasil

flavio.williges@ufsm.br

ORCID: 0000-0002-2820-9805

DOI: 10.60940/comprendrev27n1id432834

Article rebut: 21/05/2024

Article acceptat: 26/09/2024

Resumen

Este artículo analiza la propuesta de Joshua Greene para superar el «tribalismo moral»: una «metamoralidad» utilitarista basada en valores compartidos. Sin embargo, se plantean dos desafíos. En primer lugar, se argumenta que adoptar una perspectiva utilitarista choca con el papel de la identidad social y los valores cargados de emoción en las disputas morales. La experiencia moral está situada y los agentes priorizan sus propios valores, lo que dificulta la deliberación basada en principios comunes. Además, el énfasis de Greene en procesos lentos y racionales es susceptible a trampas racionales como la racionalización o el razonamiento motivado. En segundo lugar, el artículo propone una alternativa: interactuar con la cultura política de las emociones que alimenta los conflictos morales. Propugna una «educación sentimental» para cultivar preocupaciones morales compartidas. Esto implica vincular los sentimientos de grupo con vulnerabilidades compartidas y el bien común, apelando a emociones concretas como la amistad y el amor, que promueven el reconocimiento de nuestra humanidad compartida. De este modo, se defiende el atractivo sentimental, en lugar de los universales abstractos, como una herramienta valiosa para superar las divisiones tribales y construir sociedades decentes.

Palabras clave: Greene, moralidad, racionalidad, emociones

Moral Tribes and Emotions: A Critical Analysis of Joshua Greene's Utilitarian Meta-Morality

Abstract

This paper examines and presents two challenges to the utilitarian «metamorality» based on shared values proposed by Joshua Greene. First, it argues that adopting a utilitarian perspective clashes with the role of social identity and emotionally laden values in moral disputes. Moral experience is situated, and agents prioritize their own values, making deliberation based on common principles difficult. Additionally, Greene's emphasis on slow, rational processes is susceptible to rational traps like rationalization or motivated reasoning. Secondly, the paper proposes an alternative: engaging with the political culture of emotions that fuels moral conflicts. It advocates for «éducation sentimentale» to cultivate shared moral concerns. This involves linking group sentiments to shared vulnerabilities and the common good, appealing to concrete emotions like friendship and love that promote recognition of our shared humanity. Sentimental appeal, rather than abstract universals, is thus defended as a valuable tool for overcoming tribal divisions and building decent societies.

Key words: Greene, morality, rationality, emotions

1. Introducción

En el libro *Tribus morales*, Joshua Greene comienza caracterizando dos tipos de tragedia moral: la tragedia de los comunes y la tragedia de la moralidad del sentido común. La «tragedia de los comunes» consiste en la incapacidad de los individuos de poner el «nosotros» por encima del «yo» y representa la dificultad de superar el egoísmo hacia el altruismo, hacia la comprensión de nuestros deberes y responsabilidades con respecto a los demás.[1] La solución para esta tragedia, según Greene, fue el desarrollo de la moralidad: un «conjunto de adaptaciones psicológicas que permite que individuos de otro modo egoístas cosechen los beneficios de la cooperación».[2] La moralidad alcanza este resultado porque su esencia es el altruismo, la abnegación, la disposición a asumir un costo personal para beneficiar a otros. En términos psicológicos, la moralidad se implementa a través de intuiciones morales emocionales, reacciones instintivas que

[1] Cfr. Joshua Greene, *Tribos morais: a tragédia da moralidade do senso comum*. Tradução de Alessandra Bonrruquer. Rio de Janeiro/São Paulo: Editora Record, 2018, p. 33.

[2] Cfr. *Ibid.*, p. 35.

nos hacen valorar (algunos) intereses ajenos y alentar a otros a hacer lo mismo.[3] Este retrato de la moralidad garantiza un papel importante para las emociones en el ámbito moral:

> sentimientos de empatía, amor, amistad, gratitud, honor, vergüenza, culpa, lealtad, humildad, reverencia y bochorno nos impulsan a (a veces) poner los intereses ajenos por encima de los nuestros. Del mismo modo, sentimientos de ira y repulsión nos impulsan a aislar o castigar a personas que valoran más el «yo» que el «nosotros». Gracias a estas configuraciones automáticas, mentimos, traicionamos, robamos y matamos mucho menos de lo que podríamos hacer, y esto permite que el «nosotros» tenga éxito.[4]

Greene sostiene, por otra parte, que, aunque los seres humanos han sido biológicamente diseñados para la moralidad altruista y cooperativa, esta cooperación está restringida o limitada al propio grupo, a algunas personas.

Nuestro cerebro moral evolucionó para la cooperación dentro de ciertos grupos, y tal vez solo en el contexto de las relaciones personales. No evolucionó para la cooperación entre grupos (al menos no todos los grupos).[5]

Como consecuencia, la moralidad permite tanto el desarrollo de estrategias cooperativas, en algunos casos permitiendo poner el «nosotros» antes que el «yo», como formas perjudiciales de tribalismo moral. El tribalismo moral es la segunda tragedia de la moralidad, la tragedia que Greene llama «tragedia de la moralidad del sentido común». Tal tragedia resulta del hecho de que, entre diferentes grupos que defienden valores morales conflictivos o no comparten ideales políticos, la tendencia no es la cooperación, sino el conflicto de valores, políticas y comportamientos en la vida común. La limitación de la cooperación dentro de determinados grupos y la consecuente dificultad para superar la división tribal entre «nosotros» y «ellos» manifiesta que, como seres morales, somos capaces de poner el «nosotros» antes que el «yo», pero no de acercar el «nosotros» al «ellos».[6]

Los conflictos entre tribus morales, entre «nosotros» y «ellos», no pueden resolverse fácilmente, pues los patrones morales intuitivos que funcionan muy bien internamente en las diferentes comunidades o grupos sociales, creando cooperación y respeto a las reglas entre sus miembros, no tienen el mismo efecto cuando los objetivos de consideración moral son grupos o comunidades consideradas diferentes, como grupos étnicoraciales distintos o personas con valores morales e ideales políticos significativamente distintos. Grupos y personas con afinidades morales, políticas o incluso de origen étni-

[3] Cfr. *Ibid.*, p. 342.

[4] *Ibid.*, p. 301.

[5] Cfr. *Ibid.*, p. 33.

[6] Cfr. *Ibid.*, p. 34.

co logran hacer que el «nosotros» venga antes que el «yo». Sienten que tienen ciertas obligaciones para con los miembros de su comunidad, un tipo de obligación que los lleva a renunciar a intereses individuales egoístas, como acumular bienes y recursos personales que generan perjuicio para los intereses de grupo. Por otro lado, cuando se trata de acciones que involucran a grupos externos, extraños a la propia comunidad, el «nosotros» viene antes que el «ellos». No hay un sentido de obligación con respecto a «ellos», aquellos de fuera de nuestro propio grupo. Greene ilustra la dificultad de solución de la tragedia de la moralidad del sentido común a través de la metáfora de los pastores sureños y norteños que no pueden ver más allá de sus propios pastos y viven atrapados en sus propias perspectivas morales:

> Los norteños y sureños creen en lo que creen porque han pasado toda su vida inmersos en sus respectivas culturas tribales. Sus intuiciones morales están sintonizadas con su modo de vida [...] ambos lados creen realmente que sus respectivos modos de vida producen los mejores resultados. Sin embargo —y este es el punto crucial—, ambos lados están más comprometidos con su modo de vida que con la producción de buenos resultados.[7]

La solución a la tragedia de la moralidad del sentido común implica, por lo tanto, encontrar espacio en nuestro sistema moral para estimular disposiciones a aceptar ciertas reglas que limiten el interés «nuestro» en detrimento del interés de «ellos». Este es el problema fundamental que el libro *Tribus morales* pretende responder.

Este artículo hace, en primer lugar, una reconstrucción de la respuesta ofrecida por Joshua Greene a la tragedia de la moralidad del sentido común. Como veremos, para abordar el problema del aislamiento en visiones morales particulares, Greene propone como solución el desarrollo de una «metamoralidad» basada en una moneda común de valores que todos los seres humanos podrían reconocer, aunque las orientaciones normativas de tal moralidad entren en conflicto con algunos de los impulsos afectivos e intuiciones de la moralidad interna de las diferentes tribus morales. Como él dice: «necesitamos un tipo de pensamiento que permita que grupos con moralidades conflictivas puedan vivir juntos y prosperar. En otras palabras, necesitamos una «metamoralidad».[8] Greene cree que la metamoralidad necesaria para superar los desacuerdos entre comunidades con valores morales conflictivos es el utilitarismo, que él prefiere llamar «pragmatismo profundo».[9]

A la luz de la caracterización de la estrategia metamoral de Greene, hay dos problemas que deseo discutir. El primero de ellos se refiere al conflicto existente entre adoptar una perspectiva metamoral utilitarista y el papel que la identidad social y los valores

[7] *Ibid.*, p. 160.

[8] Cfr. *Ibid.*, p. 36.

[9] Cfr. *Ibid.*, p. 298.

cargados emocionalmente desempeñan en las disputas entre tribus morales distintas. Una metamoral es, supuestamente, un sistema moral de orden superior, independiente y neutral en relación con las perspectivas de primera orden de diferentes grupos que disputan valores y posicionamientos político-morales. Argumento que la adhesión emocionalmente cargada a la cultura moral de grupo usualmente resulta en agentes refractarios a la deliberación y agencialidad basada en principios morales comunes. La psicología moral filosófica y empírica, así como la psicología social, ofrecen razones para ver con escepticismo la superación de barreras entre «nosotros» y «ellos» en agentes con identidades sociales fuertes y valores emocionalmente arraigados. El propio Greene ofrece evidencias para la conclusión de que las tribus morales tienden a adoptar estrategias de razonamiento y pensamiento que distorsionan la información en la dirección de sus creencias morales o políticas en detrimento de las evidencias.

Aunque Greene reconoce el peso de estas evidencias, manifiesta un optimismo a largo plazo respecto a nuestras capacidades racionales para superar conflictos morales mediante procesos reflexivos lentos. Él apuesta mucho a la capacidad del pragmatismo profundo o utilitarismo para buscar soluciones comunes, al mismo tiempo que acerca las emociones a instintos egoístas y tribales cuando aborda conflictos entre tribus morales. Como él dice, es nuestra «parte racional» la que puede llevarnos a creer en el deber de maximizar la felicidad global: «la idea de que debemos apuntar a la máxima felicidad no es una glorificación arbitraria de un solo sabor moral o la elevación de los valores de una tribu sobre los valores de las otras. [...] Este ideal metamoral es un producto del razonamiento abstracto».[10]

Soy pesimista respecto al potencial de una metamoralidad utilitarista para ofrecer soluciones a los conflictos morales entre grupos distintos. Argumentaré que la autoexperiencia moral siempre está situada. No existe una perspectiva de segundo orden a la que podamos apelar como dominio neutral de solución de conflictos. Desde una perspectiva situada, como agentes profundamente comprometidos con sus propias perspectivas de identidad y valores, la propia idea de principios morales comunes pierde su fuerza. Agentes así concebidos, que somos nosotros la mayoría de las veces, se sienten obligados a actuar de acuerdo con sus inclinaciones y valores, con aquello que les importa o preocupa. Esto significa que muchas veces actuamos, pensamos y nos relacionamos con otros de un modo que entra *en conflicto con el otro*. La autoexperiencia moral implica esencialmente la experiencia de tensión y conflicto moral. Por consiguiente, el sentimiento resultante de la consideración de las creencias morales de miembros de otros grupos no será marcado por el reconocimiento de una moneda común de valores, sino por un abismo entre lo que «ellos» piensan y sienten ante cuestiones morales fundamentales (como el aborto, el matrimonio gay, las acciones

[10] *Ibid.*, p. 352.

afirmativas) y lo que parece correcto en relación con los valores más importantes que asumimos y que forman nuestra identidad. La idea de que podemos asumir una perspectiva universal e imparcial no es una imposibilidad, pero tiende a sentirse como una especie de experiencia de pérdida de identidad moral o pérdida de nuestros compromisos morales más profundos. Como consecuencia, la experiencia moral localizada o situada de agentes morales bloquea emocionalmente los llamados a la imparcialidad. ¿Cómo superar este abismo moral entre agentes con creencias y sentimientos morales distintos?

Greene ve la solución a este problema en la metamoralidad racionalista. Contra Greene, sostengo que no es suficiente apelar a la racionalidad de los agentes, procurando hacer que fijen su atención en evidencias concretas en torno a cuestiones fundamentales en moralidad política, por ejemplo. En la dirección de lo que ha sido defendido por autores como Sally Haslanger y Allen Buchanan,[11] sostengo la necesidad de un trabajo profundo en la estructura social, institucional y en la cultura que fomenta divisiones entre grupos sociales, así como un trabajo en la cultura política de las emociones,[12] un trabajo que actúe en las prácticas, discursos y significados sociales repetidos que originan emociones que separan a las personas, como el odio racial, el desprecio y la indiferencia, y dificultan el surgimiento de emociones capaces de ampliar nuestra comunidad moral. Mi respuesta al problema presentado por Greene tomará en cuenta la relación entre identidad moral, cultura social y la forma en que las emociones se movilizan política y moralmente en relación con temas vinculados a la identidad moral de los agentes. Concebir las emociones como parte de una cultura política y social significa verlas como entidades relacionales que se construyen a partir del contexto histórico, la inserción social y, cuando se trabajan adecuadamente, con el potencial de contribuir a la solución de la tragedia de la moralidad del sentido común.

Un segundo paso en mi estrategia consistirá en proponer un cambio en los tipos de posibilidades significativas que el agente moral es capaz de experimentar. Entiendo que las divisiones tribales deben tratarse como problemas de «entendimiento moral y sensibilidad moral».[13] Como problemas de entendimiento o sensibilidad, no se responden desde el tipo de perspectiva intelectual neutral e imparcial defendida por Greene, sino desde un tipo de sensibilidad moral expandida. La sensibilidad moral es una forma de reconocimiento moral que no anula la identidad moral individual en favor de principios comunes. La humanidad común se busca en un tipo de entendimiento moral que hace uso esencial de sentimientos y emocionalidad y no, tal como defiende la metamo-

[11] Cfr. Sally Haslanger, «Cognition as a Social Skill». *Australasian Philosophical Review* [London], vol. 3, nº 1, 2019, pp. 5-25; Cfr. Allen Buchanan, *Our moral Fate. Evolution and the Escape from Tribalism*. Cambridge/ Massachusetts: The MIT Press, 2020.

[12] Cfr. Sara Ahmed, *The cultural politics of emotion*. Edinburgh: Edinburgh University Press, 2014.

[13] Cfr. Raimond Gaita, *O cão do filósofo*. Tradução Maria Lúcia Daflon. Rio de Janeiro: DIFEL, 2011, p. 123.

ralidad de Greene, por un espacio moral neutral por encima de las moralidades adversariales de las tribus morales en conflicto.[14]

El artículo está dividido en cinco secciones. En la segunda sección desarrollo con más detalle la concepción metamoral de Greene. En la tercera sección, presento las dificultades de superación de un punto de vista moral personal debido al carácter situado de nuestros valores e ideales morales. En la cuarta sección, defiendo la necesidad de actuar en la cultura política que alimenta emociones hostiles y deshumanizadoras como forma de ampliar nuestra comunidad moral. En la quinta y última sección, argumento cómo la estimulación de sentimientos puede ser una forma de percepción de una humanidad común.

2. La solución metamoral de Greene

Greene eligió la ética utilitarista para superar la tragedia de la moralidad del sentido común. La salida utilitarista está vinculada a su enfoque de la psicología del proceso dual. Las teorías del proceso dual sostienen que el juicio moral es el producto de procesos psicológicos duales: intuitivos y racionales, de mecanismos «afectivos» y «cognitivos».[15] Las intuiciones de base emocional regulan las respuestas tribales, es decir, reacciones impulsivas que frecuentemente inducen disputas entre grupos. Son estas respuestas automáticas las que están detrás de la tendencia de considerar a los adversarios políticos como tontos, pecadores o simplemente personas despreciables.[16]

La psicología moral del proceso dual establece dos dominios relevantes para la moralidad y permite entender que las elecciones de la moral emocional son automáticas y pueden ser revertidas a través de operaciones de segundo nivel, de orden reflexivo. Considere, por ejemplo, la disputa política ocurrida en Estados Unidos después de los ataques del 11 de septiembre de 2001 entre defensores de la libertad y defensores de la Ley Patriota, una ley que otorgaba poderes de investigación a través del acceso a información privada y la vigilancia de ciudadanos americanos para combatir el terrorismo. La Ley Patriota ponía en conflicto dos valores fundamentales de la sociedad americana: seguridad y libertad. En situaciones de conflictos entre valores como esta, Greene sostiene que «el utilitarismo permite el equilibrio de valores, pues no asume una perspectiva, sino que se guía por el principio neutral de las "mejores consecuencias generales"»:

[14] Cfr. Andrew Scott Conning, «Review of Moral Tribes: Emotion, reason, and the gap between us and them». *Journal of Moral Education* [London], vol. 44, nº 1, 2015, p. 120.

[15] Cfr. Fiery Cushman; Liane Young; Joshua Greene, «Multi-System Moral Psychology». En: *The Moral Psychology Handbook*. Oxford: Oxford University Press, 2010, p. 49.

[16] Cfr. Michael Hannon, «Empathetic Understanding in Politics». *Open for Debate*. 25 February 2019. https://blogs.cardiff.ac.uk/openfordebate/empathetic-understanding-in-politics/

¿Es la libertad más importante que la seguridad? ¿O la seguridad es más importante que la libertad? El utilitarismo ofrecía una respuesta razonable: ninguno de estos valores asume precedencia absoluta. Necesitamos equilibrar los valores de la libertad y la seguridad, y el mejor equilibrio es aquel que produce las mejores consecuencias generales.[17]

Greene sostiene que la capacidad de perseguir las «mejores consecuencias generales» y no un derecho, valor particular o sesgo autointeresado, no encuentra sustentación en nuestros modos emocionales y automáticos de consideración de problemas de valor social y político como este. Siguiendo nuestras respuestas emocionales naturales, los defensores de la Ley Patriota tenderían a insistir en que libertades válidas para tiempos de paz pueden ser suspendidas para combatir enemigos, mientras que aquellos que consideran que la libertad es un valor innegociable dirían que los intereses de combate al terrorismo no pueden sobreponerse a los derechos individuales, como el derecho de no ser vigilado. La salida, según Greene, es apelar a operaciones racionales, de segundo nivel, las cuales pueden llevar a acuerdos y formas de negociación capaces de preservar el interés común. Estas permiten percibir que la defensa de ciertos valores y principios, vistos como moralmente ofensivos o repugnantes desde nuestras perspectivas y valores individuales, pueden maximizar el bienestar y el interés común. Así, Greene sostiene que las dificultades de cooperación no egoísta y la capacidad de consideración del bienestar de extraños a nuestro propio grupo podrían ser superadas a través de una «metamoralidad» centrada en procesos cognitivos lentos, capaces de reflexionar y llegar a conclusiones que preserven los ideales colectivos. La perspectiva moral correcta para vencer los conflictos morales y sociales comunes en las sociedades multiculturales es aquella que consigue abstraer los intereses particulares de un grupo u otro y consubstanciar valores morales capaces de generar mejores resultados para todos. Como él dice:

la única manera de avanzar es trascender las limitaciones de nuestras configuraciones automáticas al entregar el problema (casi enteramente) al modo manual. En lugar de confiar en nuestras sensibilidades morales tribales o racionalizarlas, podemos buscar el acuerdo en valores compartidos, usando un sistema de moneda común.[18]

En otras palabras, la estrategia metamoral de Greene apuesta fuerte por el utilitarismo. El utilitarismo se basa en una perspectiva racional de moralidad política, una perspectiva donde actores bien motivados a buscar lo mejor serían capaces de abstraer las diferencias entre grupos distintos con el fin de maximizar el coeficiente de felicidad total, considerada de forma imparcial. Conforme a la defensa renovada de Greene del utilitarismo, en situaciones de conflictos valorativos podemos llegar, a través de proce-

[17] Joshua Greene, *op. cit.*, p. 115.

[18] *Ibid.*, p. 340.

sos reflexivos, a concepciones morales compartidas, que trascienden los valores ideológicos, las diferencias de identidad y hasta las visiones estereotipadas que frecuentemente distorsionan la perspectiva de un grupo en relación con otro. Está claro que hay complicaciones aquí, incluso cuando nos apoyamos en estrategias racionales. Greene admite que podemos buscar solo evidencias que favorezcan nuestras propias convicciones, pues incluso nuestra racionalidad no es confiable frente a inclinaciones morales particulares. Él destaca un estudio que muestra que, cuando defensores y opositores de la pena de muerte recibieron evidencias mixtas sobre la eficacia de la medida legal para reducir la criminalidad, en lugar de moderarse, se aferraron a las evidencias más convenientes e ignoraron las restantes.[19] Ante la falibilidad de nuestros sistemas de razonamiento, podríamos adoptar una perspectiva pesimista según la cual la moralidad «de modo manual, basada en evidencias, es inútil; pensar con cuidado sobre problemas divisores solo puede empeorar las cosas» o rechazar este pesimismo sosteniendo que «el pensamiento de modo manual puede unirnos, siempre que lo usemos de la manera correcta».[20] Greene adopta el segundo camino y proporciona, entonces, indicaciones de la mejor forma de usar el pensamiento lento.

La manera correcta de usar el pensamiento lento o manual (en oposición al automático y emocional) consiste en forzar a los interlocutores en disputas morales a confrontar su ignorancia sobre los hechos esenciales involucrados en las disputas. La idea es hacer que los interlocutores no se atengan a sus razones particulares para defender determinada posición (sobre el aborto, por ejemplo), sino que se involucren en la caracterización detallada del funcionamiento de las políticas que favorecen.[21] Al reconstruir y reflexionar sobre evidencias de modo lento, podemos avanzar en la dirección de perspectivas comunes. Greene critica, por la misma razón, la evocación de derechos en las controversias morales, ya que los derechos presentan «sentimientos subjetivos como percepciones de hechos objetivos».[22] La forma pragmática del utilitarismo que Greene favorece implica esencialmente preguntar «qué promueve o no el mayor bien».[23] Esta estrategia es mejor, según Greene, pues responde a evidencias. Podemos establecer objetivamente, a partir de datos y estudios detallados, las consecuencias positivas o negativas de la pena de muerte o del aborto, por ejemplo,[24] si usamos nuestras estrategias de consideración racional de evidencia. A partir de la consideración lenta y ponderada de estas evidencias, Greene cree que sería posible llegar a posiciones equilibradas

[19] Cfr. *Ibid.*, p. 304.

[20] Cfr. *Ibid.*

[21] Cfr. *Ibid.*, p. 305.

[22] Cfr. *Ibid.*, p. 311.

[23] Cfr. *Ibid.*, p. 312.

[24] Cfr. *Ibid.*

que promuevan el bienestar general. Él analiza algunos casos históricos para ilustrar esta posición, como la argumentación utilitarista de John Stuart Mill en favor del igual trato a las mujeres. En última instancia, su creencia teórica central es que tales análisis ponderados, basados en evidencias, argumentos, y no en intuiciones automáticas y emocionales, ofrecen la mejor alternativa para la solución de la tragedia de la moralidad del sentido común. Esta es la esencia de la teoría metamoral de Greene. Paso ahora a discutirla más ampliamente en el próximo apartado.

3. Identidad moral, identidad social y las limitaciones de la solución utilitarista

La solución utilitarista presupone que las opiniones de diferentes interlocutores morales, así como todos los placeres y dolores sentidos por nuestra especie, tienen el mismo valor y son igualmente relevantes para la deliberación moral. Esta presuposición exige superar distinciones morales que, de otro modo, autorizan tratamientos sesgados, como la indiferencia, la violencia o el desprecio moral. Sin embargo, para que los interlocutores en conflicto reconozcan «que es la felicidad humana la que está en juego» independientemente de las simpatías particulares, primero es necesario crear una comunidad moral que aún no existe entre tribus morales enemigas. La apuesta por el tipo de racionalidad lenta para lidiar con conflictos implica, como mínimo, ampliar la comunidad moral, eliminando distinciones entre humanos y no humanos; implica, para citar un ejemplo que encuentra eco en los conflictos morales contemporáneos, crear un tipo de comunidad donde los cristianos conservadores sean capaces de ver a los defensores del aborto o del matrimonio gay como humanos plenos, dotados de valor moral, aunque sus formas de vida sean extrañas a sus propios estándares. Este es un problema difícil de resolver, pues como afirmó Richard Rorty, acerca de las graves violaciones de derechos humanos durante la guerra entre Bosnia y Serbia, no es de mucha ayuda recordar nuestra humanidad común, que todos somos iguales o que todos deben ser tratados con dignidad:

> El problema aquí es el serbio valiente y honrado que ve a los musulmanes como perros circuncidados. Es el soldado valiente y buen camarada que ama y es amado por sus compañeros, pero que ve a las mujeres como prostitutas y rameras peligrosas y malévolas. [...] Tales personas se sienten moralmente ofendidas con la sugerencia de que deben tratar a alguien que no es pariente como si fuera hermano, o a un negro como si fuera blanco, o a un maricón como si fuera normal, o a un infiel como si fuera un creyente. Se ofenden con la sugerencia de que deben tratar a personas que no consideran tan humanas como si fueran humanas. Cuando los utilitaristas les dicen que todos los placeres y dolores sentidos por miembros de nuestra especie biológica son igualmente relevantes para la deliberación moral, o cuando los kantianos les dicen que la capacidad de involucrarse en tal deliberación es suficiente para ser miembro de la comunidad moral, se muestran incrédulos.

Responden que esos filósofos parecen ajenos a las distinciones morales flagrantemente obvias, distinciones que cualquier persona decente percibiría (Rorty, 1998, p. 167).[25]

Como sugiere el pasaje, un presupuesto fundamental para el ejercicio de la consideración moral es la ampliación de nuestra comunidad moral. Yo sostengo que esta ampliación es antes una construcción moral de base socioestructural y sentimental o emocional, que propiamente racional. Involucra la necesidad de actuar sobre las estructuras materiales de la sociedad y promover un tipo de evocación emocional que no está libre de riesgos, pero que me parece efectivamente más prometedora que la propuesta racionalista de Greene. Analizaré la construcción de una sensibilidad moral con estos contornos en dos momentos. Uno negativo y otro positivo. Comienzo por el aspecto negativo, que tendrá como punto de partida la teoría de los fundamentos morales desarrollada por Jonathan Haidt.

La teoría de los fundamentos morales es una teoría de psicología moral que pretende explicar los orígenes y variaciones en el razonamiento moral humano con base en fundamentos innatos y modulares. La teoría propone que la moralidad está fundada en cinco fundamentos, que fueron, posteriormente, ampliados a seis fundamentos: Daño / Cuidado, Justicia / Reciprocidad, Traición / Lealtad, Autoridad / Subversión, Pureza / Degradación y Libertad / Opresión.[26]

Las fundaciones son sistemas psicológicos innatos que están en el núcleo de nuestra «ética intuitiva». Luego las culturas construyen virtudes, narrativas e instituciones sobre estos sistemas fundamentales, que resultan en las diversas creencias morales observadas globalmente. Haidt aplicó este enfoque para explicar diferencias en posicionamientos políticos entre progresistas y conservadores. Argumentó que los liberales no se preocupan mucho por los cuatro últimos conjuntos de valores (lealtad, autoridad, libertad y pureza) y tienden a usar solo los dos primeros (justicia y cuidado) para justificar sus valores morales y políticos. Los conservadores, por otro lado, se preocupan por el daño y la justicia, pero también consideran los otros dominios como valores fundamentales. Si una política no demuestra una preocupación especial por el grupo, respeto a la autoridad y un compromiso con la pureza, será considerada negativamente por los conservadores.

El modelo de las fundaciones morales de Haidt no aclara, sin embargo, cómo debemos interpretar filosóficamente las fundaciones morales. Está claro que son bases psicológicas de la mente que representan un tipo de valor moral, es decir, un tipo de creencia sobre lo que es bueno o malo en moralidad política, pero no avanza en la ex-

[25] Richard Rorty, «Human Rights, Rationality and Sentimentality». En: *Truth and Progress: philosophical papers*, vol. 3. Cambridge: Cambridge University Press, 1998, p. 167.

[26] Cfr. Jonathan Haidt, *The Righteous Mind: Why Good People are Divided by Politics and Religion*. London: Penguin, 2013.

ploración del estatus conceptual de las fundaciones morales. Sea cual sea su naturaleza última, aquí es importante entender en qué sentido las fundaciones morales pueden ser comprendidas como valores.

Un valor, en contraste con una creencia no evaluativa, es una creencia sobre lo que es importante. Los debates en torno a valores no son objeto de consideración neutral. Siguiendo a Prinz, podríamos decir que las cuestiones de valor se basan en sentimientos: «Decir que el asesinato es incorrecto no es describir alguna característica científicamente identificable de casos en los que una persona quita la vida a otra».[27] En realidad, decir que el asesinato es incorrecto equivale a decir que «tales acciones son abominables».[28] En este sentido, los valores morales no son simplemente creencias que obtenemos de una forma neutral. Creencias en moralidad política, sobre cómo organizar la sociedad en relación con el aborto, la imposición de impuestos, las acciones afirmativas o la inmigración son sistemas de creencias emocionalmente fundadas. En este sentido, los principios que distinguen a conservadores y liberales no se refieren solo a creencias fácticas legales, «sino a preferencias emocionalmente fundamentadas que orientan la acción política».[29] Los sentimientos están involucrados y son dirigidos por principios o valores asumidos acerca de lo correcto e incorrecto. Las concepciones valorativas en moralidad política tienen, en este aspecto, relación con la *self moral* o con la identidad moral. Nuestro repertorio moral es tácitamente autorreferencial. Cómo respondemos emocionalmente a las visiones morales conflictivas o concordantes revela algo sobre nuestros «valores». Al considerar una propuesta moral ultrajante o interesante evaluamos su sentido en relación con aquello que nos importa. Los valores no son así creencias internas que sostenemos o juicios morales establecidos. Aparecen disfrazados en nuestros compromisos prácticos significativos, con contornos emocionales más o menos claros. La identidad moral también limita el campo de posibilidades morales. Por ejemplo: para conservadores políticos, fundaciones morales de sacralidad y pureza pueden hacer pecaminoso representar de forma jocosa entidades sagradas o incluso líderes religiosos. Esto sugiere que la identidad constriñe el horizonte de posibilidad de creencias morales, juicios y elecciones.

La constatación del papel que la identidad y la emocionalidad juegan en los valores morales refuerza la percepción de que la moralidad común debe ser concebida a partir de la intrincada relación entre valores, afectividad e identidad moral e ideológico-política. No hay, en este sentido, una perspectiva moral universal o independiente a partir de la cual se consideren disputas morales. Conservadores y liberales pueden, así, tener

[27] Jesse Prinz, «Emotion and Political Polarization». En: *The Politics of Emotional Shockwaves*. London: Palgrave McMillan, 2021, p. 10.

[28] *Ibid.*

[29] *Ibid.*

una misma emoción, como la ira, activada por cuestiones morales completamente distintas. Como explica Prinz:

> un ataque terrorista puede ser visto principalmente como una amenaza por los conservadores, cuyos perpetradores necesitan ser erradicados. Los liberales pueden ver a los terroristas como defensores de la libertad, personas que son víctimas de la opresión imperialista. De la misma manera, los inmigrantes pueden ser vistos como competidores por los conservadores y como un grupo oprimido que necesita protección por los liberales.[30]

Las reacciones emocionales distintas se deben a la forma en que la identidad moral y las emociones están vinculadas con apreciaciones ideológicas y valorativas de temas como inmigración o terrorismo. La identidad moral se refiere a nuestros valores, aquello que nos importa. La identidad social involucra tanto componentes personales, los proyectos y compromisos que nos mantienen, como componentes sociales, de pertenencia a grupos políticos o religiosos (como conservadores y liberales en política). Estas dos formas de identidad, social y moral, reducen el margen de elecciones y decisiones guiadas por la maximización de la felicidad considerada desde un punto de vista imparcial. Incluso en cuestiones de supervivencia de la especie relacionadas con la salud pública, la perspectiva de hacer lo mejor para todos es suplantada por valores emocionalmente cargados y por factores asociados a la pertenencia a grupos. Estudios de la reacción comportamental ante las determinaciones de quedarse en casa o usar mascarilla durante la pandemia de COVID-19 muestran que las respuestas personales reflejaban la filiación a determinado grupo político. Los ciudadanos tendían a ignorar orientaciones de partidos a los cuales se oponían, independientemente del contenido de estas orientaciones.[31]

A la luz del peso de la identidad moral y los valores emocionalmente cargados en detrimento de procesos racionales, quedan claras las dificultades de trascender la identidad social del hablante, su ideología de grupo, sus creencias morales y emociones hacia el reconocimiento de valores compartidos por todos. En la práctica, esto significa que cualquier argumento pragmático a favor de políticas liberales o conservadoras, afirmando que sirven al bien mayor, puede ser bloqueado por simpatías políticas o valores cargados emocionalmente. El mismo Greene admite, después de un análisis detallado y fundamentado de las disputas sobre el aborto, que podemos no quedar satisfechos con la solución considerada adecuada por el pragmatismo profundo.[32] No obstante, él cree que son las propuestas liberales del pragmatismo las que sirven al bien mayor.[33] Mi sugerencia, sin embargo, irá en una dirección distinta al pragmatismo. A continuación,

---

[30] *Ibid.*, p. 8.

[31] Cfr. *Ibid.*

[32] Cfr. Joshua Greene, op. cit., p. 334.

[33] Cfr. *Ibid.*, p. 349

explorará el desarrollo de una sensibilidad moral de base emocional, apoyada en cambios sociales y estructurales que impiden el florecimiento de emociones hostiles y procesos de deshumanización, como la esencialización de grupos minoritarios.[34]

4. Superando el tribalismo moral: la dimensión social

Como hemos visto, Greene caracteriza las emociones como programas afectivos internos, apoyados en la arquitectura cerebral, que responden de forma impulsiva y automática a estímulos externos como, por ejemplo, propuestas en moralidad política. En esta visión, las emociones se conceptualizan en términos fundamentalmente individualistas y no cognitivos. Ante «amenazas morales», como la proposición de políticas sociales que ciertos grupos consideran erróneas, nuestros cerebros emocionales responderían de manera reactiva y automática, buscando controlar y ajustar el mundo a nuestras intuiciones morales, con ira, miedo, asco, alegría y tristeza. La respuesta emocional sería parte de nuestro sistema biológico y se dispararía automáticamente ante riesgos en la navegación en el mundo social y político.

No niego que esto forme parte de lo que ocurre en el dominio moral, pero, para involucrarnos en la actividad emocional requerida en contextos morales complejos como aquellos involucrados en conflictos morales sobre políticas sociales (acciones afirmativas, impuestos) o moralidad política (aborto, matrimonio gay), debemos poseer capacidades cognitivas bastante sofisticadas que incluyen un rico suministro de conceptos. Y ya debemos participar en formas de interacción o cognición social que nos permitan hacer hipótesis interpretativas plausibles sobre la perspectiva de otros y el significado social y político de miembros de grupos divergentes. Según Haslanger, estas formas de comprensión y significación social derivan de formas básicas de sociabilidad que se refieren a las fuentes de nuestras orientaciones prácticas.[35] En otras palabras, la cognición del mundo social es en parte modelada por nuestro compromiso en prácticas y significados sociales. Este proceso formativo ha sido llamado *mindshaping*.[36] Consiste esencialmente en modelar nuestras reacciones sociales a través de normas reguladoras de comportamientos y respuestas mediante comportamientos como adular, alentar, reprimir, etc., llevando a los individuos a adquirir las características en cuestión.[37] El *mindshaping* tiene una función estructuradora en la fluidez social. La orientación en la dinámica discursiva e incluso moral de diferentes grupos sociales está atravesada por un

[34] Cfr. Sally HASLANGER, «Autonomy, Identity, and Social Justice Appiah's The Lies that Bind A review». *Philosophy and Public Issues* [Roma], vol. 10, nº 2, 2020, pp. 19-32.

[35] Cfr. Sally HASLANGER, «Cognition as a Social Skill», *op. cit.*, p. 11

[36] Cfr. *Ibid.*

[37] Cfr. *Ibid.*

proceso simbólico amplio que involucra percepción, atención, memoria y otras tareas cognitivas y corporales. Las emociones, junto con estos otros aspectos de nuestro aparato cognitivo, están embebidas en una comprensión compleja sobre identidades y escenarios de acción, especialmente en los tipos de eventos que evocan las relaciones que son apropiadas y las respuestas esperadas.

Así, las emociones despertadas en contextos de conflictos morales no necesitan ser concebidas únicamente como estados mentales internos que reaccionan a estímulos ambientales, como concibe Greene, sino también como parte de nuestra inserción encarnada y emocional en el mundo social, tal como han sido tematizadas por la fenomenología y por enfoques socioculturales de las emociones.[38] Las emociones son parte de una fluidez social, más que estados psicológicos internos; son sentimientos corporales formados dentro de las relaciones sociales y actividades que les confieren significado y valor. Siguiendo este enfoque, emociones relevantes en contextos de conflictos entre grupos morales distintos, entre opositores y defensores del aborto, por ejemplo, pueden ser concebidas como parte de procesos históricos sociales relacionales, de experiencias que surgen de situaciones específicas en las cuales nos relacionamos con otras personas y cosas de manera socialmente significativa. Esto permite pensar que la arquitectura neural de base está funcionalmente especializada para reaccionar a situaciones naturales amenazantes (el asco básico), pero también integrar patrones sociales secundarios e instituidos a partir de procesos sociales, como la inferiorización, la estereotipación, la exclusión, tal como revelan estudios sobre el asco social.[39] En este sentido, un cambio significativo en nuestros patrones para abordar conflictos políticos y sociales no depende únicamente de procesos racionales lentos, como sugiere Greene, sino de la forma en que nuestras relaciones se estructuran cultural e históricamente originando diferentes tipos de emociones y reacciones de apertura o cierre en relación con el otro.

Considere, para efecto de ejemplificación, el caso de la emoción del odio, que puede ser empleado aquí para pensar conflictos morales entre grupos extremistas y minorías raciales y de género. Guillermo Lariguet mostró que uno de los rasgos fundamentales del odio es buscar conformar al otro a nuestros ideales de vida y de mundo. Como él afirma, además de la hostilidad que busca la destrucción del otro, el odio también im-

[38] Cfr. Sara AHMED, *op. cit.*; Cfr. Ian BURKITT, 2019. (BURKITT, Ian. "Alienation and emotion: social relations and estrangement in contemporary capitalism". *Emotions and Society* [Bristol], vol. 1, nº 1, pp. 51-66. DOI: 10.1332/263168919X15580836411841); Cfr. Andrea SCARANTINO; Paul GRIFFTHS, «Emotions in the Wild: the situated perspective on emotion». En: Philip ROBINS; Murat AYDEDE (eds.), *The Cambridge Handbook of Situated Cognition*. Cambridge: Cambridge University Press, 2009, pp. 437-453.

[39] Cfr. Charlie KURTH, «Cultivating Disgust: Prospects and Moral Implications». *Emotion Review* [London], vol. 3, nº 2, April 2021, pp. 101-112; Cfr. Martha NUSSBAUM, *El ocultamiento de lo humano. Repugnancia, Vergüenza y Ley*. Madrid: Katz Editores, 2012.

plica una forma de determinación que «nos aísla de los otros que no se acomodan a cómo vemos y deseamos que sea el mundo».[40]

Este tipo de odio que busca destruir a miembros de otras tribus morales tiene el contenido intencional de un «objeto fabricado» por el contexto material, histórico y cultural. Para retomar el ejemplo dado anteriormente, las emociones virulentas de grupos de conservadores cristianos contrarios al aborto y al matrimonio gay no son meramente reacciones internas del sujeto basadas en nuestras intuiciones morales innatas. Ellas se dirigen a un determinado objetivo en función de una modelación social previa que crea objetos adecuados para esa emoción. Son literalmente proyectadas hacia ciertas personas y temas humanos. Como explica Lariguet, «emociones como el odio, no sólo se dirigen *hacia su objeto*, sino que *emanan del sujeto hacia el objeto*».[41] El mismo patrón de reacción parece estar presente en el asco dirigido a grupos minoritarios, como gays, negros y otros grupos inferiorizados. Como observa Nussbaum:

> A lo largo de la historia, ciertas propiedades repugnantes –lo viscoso, lo maloliente, lo pegajoso, la descomposición y la putrefacción– han sido monótona y repetidamente asociadas, verdaderamente proyectadas sobre determinados grupos, en referencia a los cuales grupos privilegiados buscan definir su estatus de humanos superiores. Judíos, mujeres, homosexuales, intocables, personas de clase baja son imaginados como manchados por suciedad corporal.[42]

La forma en que las emociones son fabricadas y dirigidas hacia grupos y cuestiones morales (generalmente vinculadas a grupos minoritarios) puede revelar un peligro: el peligro del fortalecimiento del tribalismo moral discutido por Greene. Sin embargo, la fundación de las emociones en la cultura política y social también muestra que el trabajo con emociones tiene mucho que ofrecer para la superación de conflictos que involucran a estos grupos, ya que la exclusión moral, los sentimientos hostiles o retaliatorios nacen de la propia dinámica de interacción socialmente construida. Una conclusión importante, en este contexto, es reconocer que no es suficiente confiar en mecanismos lentos de consideración y reflexión. Estrategias institucionales, como crear mecanismos para limitar el poder de autoridades epistémicas o formadores de opinión que esparcen mensajes de miedo y desconfianza, asociando determinados temas morales con grupos socialmente inferiorizados, pueden ser relevantes. La sugerencia es que la moralidad política necesita ser pensada no solo en términos de una gramática centrada en procesos psicológicos lentos de consideración «abstracta» de evidencia, sino tam-

---

[40] Guillermo Lariguet, *El odio y la ira. Furias desatadas en la democracia actual.* Rosario: Prohistoria Ediciones, 2023, p. 53.

[41] *Ibid.*, p. 64.

[42] Martha Nussbaum, *op. cit.*, p. 130.

bién teniendo en cuenta lugares sociales distintos de privilegio racial, social o económico entre grupos, así como las reacciones emocionales soportadas y activadas por prácticas institucionales y sociales.

Un ejemplo reciente del vínculo entre prácticas y significados sociales, emocionalidad y disputas morales son las reacciones de conservadores blancos a las reivindicaciones de igualdad de tratamiento del activismo político negro en los Estados Unidos, especialmente a partir del movimento surgido en 2020 y mundialmente conocido como «Black Lives Matter». El lema del movimiento Black Lives Matter, que se popularizó después de la muerte de George Floyd, se convirtió, especialmente entre críticos conservadores, en contra-alegaciones como «todas las vidas importan» o «vidas blancas importan». Estas alegaciones podrían ser respuestas razonables si la declaración original hubiera pretendido significar una amenaza al bienestar de alguna otra persona o grupo, o ignorar, despreciar o negar que otras personas también tendrían dignidad y valor. Pero la expresión «Black Lives Matter» es una mera declaración de una perspectiva moral no reconocida, es decir, una afirmación sobre el alcance de la dignidad humana; que todas las formas de vida o grupos raciales merecen igual tratamiento. Como observó Michele Moody-Adams, la expresión «Black Lives Matter» no es una declaración relativa a los intereses de un grupo racial, sino una declaración sobre justicia: «esa declaración no afirma un interés que puede confluir con intereses moralmente defendibles de otro, pues no es una alegación sobre intereses».[43] Este es un ejemplo de cómo una reivindicación de igual tratamiento y justicia, que son valores aparentemente universales, puede ser fácilmente convertida en la retórica pública en objeto de conflicto antiblanco, accionando emociones hostiles de desprecio y odio, incluso habiendo sido concebidas para ser defensas universales de justicia. Este caso también ilustra cómo imágenes históricas de degradación, inferiorización intelectual o moral son fácilmente reavivadas en disputas morales, inclusive afectivamente, para minar esfuerzos colectivos de ampliación del bien común. Como observó Buchanan:

> promotores de moralidad tribalista saben cómo actuar de modo a disparar respuestas hostiles de aquellos que ellos quieren movilizar contra, creando una situación que parece confirmar la escena de que el otro grupo es inherentemente violento y peligroso.[44]

Un punto importante para vencer las dificultades señaladas en culturas tribalistas consiste, por lo tanto, en pensar cómo crear nichos que permitan la expansión de la moralidad inclusiva o cómo podemos diseñar instituciones para producir efectos mo-

[43] Michele Moody-Adams, *Making Space for Justice: social movements, collective imagination, and political hope*. New York: Columbia University Press, 2022, p. 32.

[44] Allen Buchanan, *op. cit.*, p. 182.

rales de inclusión. La tarea se convierte en pensar el diseño institucional moral, pensar cómo el carácter de las instituciones promueve el progreso moral. En el caso de las relaciones interraciales, un mecanismo importante consiste en desarrollar estructuras institucionales que permitan disminuir la desigualdad y técnicas de supresión de la dominación y normas de justicia y reciprocidad. Las condiciones sociales deben permitir que las personas revisen su concepción acerca de lo que es ser una persona moral, estimulando procesos que las conduzcan a reconcebir sus identidades morales. En el caso de sociedades racistas, un punto importante consiste en reconcebir las categorías sociales históricamente asumidas para pensar grupos externos, como los no blancos en los Estados Unidos. En este sentido, trascender los límites de la tribu moral de cada uno exige una psicología que ponga un fuerte acento en los factores ideológicos, históricos, culturales y sociales, más allá de los aspectos racionales ligados a la propuesta utilitarista de Greene.

5. Superando el tribalismo moral: la educación sentimental

Un segundo aspecto del enfoque centrado en la afectividad que propongo como respuesta a la tragedia de la moralidad del sentido común es considerar lo que Richard Rorty llamó «educación sentimental».[45] Junto con la actuación en las prácticas institucionales que alimentan emociones de separación entre grupos, la educación sentimental implica un cambio de perspectiva que no se centra en la racionalidad, en el sentido estricto de la racionalidad que asociamos con el análisis de evidencias científicas y argumentos *stricto sensu*. Se trata de promover un tipo de cambio de perspectiva a partir de bases afectivas. Este campo es vulnerable al sentimentalismo, pues el *páthos* forma parte del tipo de aprehensión moral resultante. En este sentido, el tipo de aprehensión que caracteriza la moralidad sentimental que estoy sugiriendo está sujeto a fallos, dado que siempre podemos caer en un tipo de aprehensión cliché y demasiado sentimental. Sin embargo, esta perspectiva tiene la ventaja de conferir importancia al individuo y su conexión con nuestra capacidad de entender lo que significa seriamente afligir a alguien y la conexión de ambos con el mundo del significado y del entendimiento moral, percebiendo lo que es colocarse en contacto con otro moralmente. El progreso moral aquí consiste en ver cada vez más las semejanzas entre nosotros y personas muy diferentes de nosotros a partir de un enfoque afectivo. Como explica Rorty, la percepción de semejanzas relevantes entre «nosotros» y «ellos» no deriva del reconocimiento de valores comunes, como los derechos humanos que todos deberían reconocer, sino de «semejanzas superficiales, como el amor a nuestros padres e hijos». En sus palabras:

[45] Cfr. Richard Rorty, *op. cit.*

> necesitamos superar la idea de que el sentimiento es una fuerza débil y que se necesita algo más fuerte. Esta idea de que la razón es «más fuerte» que el sentimiento, de que solo una insistencia en la incondicionalidad de la obligación moral tiene el poder de mejorar a los seres humanos, es muy persistente. Creo que esta persistencia se debe principalmente a una percepción semiconsciente de que, si entregamos nuestras esperanzas de progreso moral al sentimiento, estaremos, en realidad, entregándolas a la condescendencia.[46]

Rorty critica la sugerencia de que una educación sentimental es un tipo de sentimentalismo condescendiente, afirmando, a partir del importante trabajo de Anette Baier, que la tarea del educador moral es responder preguntas del tipo: «¿Por qué debería preocuparme por un extraño, una persona que no es pariente, una persona cuyos hábitos encuentro repugnantes?».[47] La respuesta presentada usualmente en la tradición filosófica a esta pregunta apela a valores mutuos compartidos, pero Rorty defiende que:

> un tipo mejor de respuesta es el tipo de historia larga, triste y sentimental que comienza con «porque así es estar en tu situación —lejos de casa, entre extraños», o «porque ella podría convertirse en tu nuera», o «porque tu madre sufriría por ella». Estas historias, repetidas y variadas a lo largo de los siglos, han llevado, a personas ricas, seguras y poderosas, a tolerar e incluso a valorar a personas impotentes —personas cuya apariencia, hábitos o creencias inicialmente parecían un insulto a nuestra propia identidad moral, a nuestro sentido de los límites de la variación humana permitida.[48]

Historias tristes y sentimentales que aparecen en novelas como *La cabaña del tío Tom*, novelas que presentan narrativas que humanizan a grupos históricamente inferiorizados, el amor gay retratado en el cine o la expresión de ira e indignación pública ante el dolor por el estrangulamiento de George Floyd por la policía, contribuyen a una profundización de la comprensión de la humanidad de adversarios morales. En cada uno de estos casos, somos llevados a un tipo de experiencia individual particular, que abre camino para sentimientos más amplios de justicia, igualdad o hermandad, que son fundamentales para superar divisiones político-morales. Raimond Gaita examina un caso relevante de cómo la comprensión particularizada, que no se articula como un tipo de reflexión científica y abstracta como quiere Greene, puede ayudar en la ampliación de nuestra perspectiva moral. Hablando de una señora racista llamada M, él dice:

> Una vez conocí a una mujer que aún lloraba la pérdida de su hijo muerto recientemente. Ella dijo, refiriéndose a las madres vietnamitas que había visto en televisión llorando a sus hijos muertos en bombardeos americanos, «es diferente para ellas; ellas pueden simple-

[46] *Ibid.*, p. 129.

[47] *Ibid.*, p. 133.

[48] *Ibid.*, p. 133, pp. 133-134.

mente tener otros». [...] «M» no podía ver que las víctimas de su ofensa racista podían ser individuos en el sentido que comprendemos cuando decimos que todos los seres humanos son únicos e insustituibles, y punto final. «Nuestros» hijos son insustituibles, pero los «de ellos» son sustituibles más o menos de la misma manera que nuestras mascotas.[49]

Lo que está señalando Gaita en su análisis de este caso de la señora M es la ausencia de una sensibilidad fundamental para la moralidad que aquí se expresa como negativa a comprender el dolor universal que todos experimentan ante la pérdida. Experimentar la pérdida de aquellos que amamos implica una profunda alteración del yo, del mundo y de otras personas.[50] La ausencia de cierto tipo de sensibilidad moral puede llevar a personas (racistas) a ver la pérdida de una vida particular, de enorme significado, como una especie de inconveniente práctico: «ellas simplemente pueden tener otros». Aquí, naturalmente, vemos que el problema no es una cuestión de cálculo utilitarista equilibrado en torno a las evidencias que podría resolver el problema de la negación del otro, sino un cierto tipo de comprensión moral y percepción de lo que estamos haciendo. Como observa Gaita:

> Observaciones de este tipo muestran hasta dónde puede llegar la difamación racista: afecta todo lo que «ellos» dicen y hacen. Nada, ni sus amores, sus tristezas, sus placeres, sus odios, puede profundizarse «en ellos». Alguien que ve a un pueblo de esta manera no puede creer que ellos puedan afligirse como «nosotros», y de un modo tan profundo como «nosotros» podemos experimentar. En el sentido más natural de la expresión, esa persona los ve como «no completamente humanos»[51] (Gaita, 2011, p. 192).

Lo que el análisis sugiere es simplemente que hay algunas personas «incapaces de mantener relaciones que, en parte, condicionan y, en parte, expresan nuestro sentido de que todo ser humano es único e insustituible como nada más en la naturaleza». Lo que falta es una forma de ver, un tipo de comprensión moral que reconozca que las personas tienen lazos entre sí, son mortales, vulnerables al destino, tienen intereses y realmente son personas.[52]

Ese reconocimiento o sensibilidad moral es parte de un proceso afectivo, de educación sentimental, que implica un cambio en los tipos de posibilidades significativas que el agente moral es capaz de experimentar. Defensores del utilitarismo podrían argumentar que este tipo de sensibilidad afectiva puede ser adecuado cuando pensamos la moralidad en términos de vínculos particularizados, en la dirección de la ética del cuidado. Pero al igual que el trabajo precursor de Rorty, otros autores como Sharon

[49] Raimond GAITA, *op. cit.*, pp. 191-192.

[50] Cfr. Matthew RATCLIFFE, *Grief Worlds*. Cambridge, Massachusetts: 2022, p. 8.

[51] Raimond GAITA, *op. cit.*, p. 192.

[52] *Ibid.*

Krause han intentado defender que la exposición a testimonios y experiencias personales afectivamente relevantes es más que una mera autoexpresión.

> Representan esfuerzos para llevar los sentimientos de un grupo marginado (pero afectado) al punto de vista general de los sentimientos morales y vincular esos sentimientos públicamente a horizontes de preocupación compartidos, específicamente a principios de justicia y nociones de bien común.[53]

Esta articulación de la experiencia y preocupación es caracterizada por Krause en términos de narrativas en que parejas gays, por ejemplo, comunican públicamente experiencias personales de sus vidas juntas. En sus palabras:

> las narrativas [sentimentales] son parte de un argumento deliberativo más amplio y reconocible en defensa del matrimonio gay: aquí está el amor, que todos tienen buenas razones para valorar, allí están los fines humanos fundamentales de la amistad, la lealtad, la comprensión mutua, los objetivos compartidos, y el compañerismo físico y el cuidado de los niños son concretados; aquí como en otros lugares, entonces, esos bienes deben ser honrados y protegidos.[54]

La presentación vigorosa de los sentimientos y experiencias particulares por la literatura, el cine, relatos personales, exponiendo el sufrimiento, plantean clamores de justicia y hacen alegaciones sobre el bien común, que pueden ampliar la idea de un otro que puede ser oído y tener sus pretensiones de políticas morales eventualmente atendidas. Como afirma Gaita, el reconocimiento de esa individualidad concreta, de que las tristezas humanas pueden ser diferentes, pero son un tipo de tristeza, «es el aspecto más importante del reconocimiento de que todos los pueblos de la tierra comparten una humanidad común».[55]

6. Conclusiones

En este artículo he argumentado que la metamoralidad centrada en procesos de pensamiento lento de consideración de evidencias no es suficiente para superar las divisiones político-morales en el mundo confuso en que vivimos. Factores que, supuestamente, no deberían adquirir relevancia, como la raza, el género o la orientación sexual o política del interlocutor, por su carácter de minoría excluida, pueden desenca-

---

[53] Sharon Krause, *Civil Passions: Moral Sentiment and Democratic Deliberation.* Princeton: Princeton University Press, 2008, pp. 119.

[54] *Ibid.*, pp. 119-120.

[55] Raimond Gaita, *op. cit.*, p. 192.

denar un tipo de interacción que tiende a despertar reacciones de repudio de fuerte contenido emocional y cierre comunicacional. Esto ocurre en virtud de las conexiones entre el individuo y la sociedad y, a través de ella, con la cultura en general y las emociones. La mente encarnada que somos debe ser vista como el resultado de un proceso múltiple, derivado de los efectos del ambiente, el lenguaje, los encuentros interpersonales y la propia dinámica sociocultural e histórica. Hay una red que preestructura nuestra experiencia del mundo e implícitamente ofrece posibilidades de acción e interpretación discursiva de este mundo en el que vivimos. La afectividad también es un fenómeno social y frecuentemente compartido. Una perspectiva moral para lidiar con conflictos valorativos de grupos distintos e incapaces de encontrar una base común debe ser capaz de manejar valores emocionalmente arraigados de esta forma no idealizada.

Estas consideraciones en torno a la relación entre emocionalidad, valores y sociabilidad permiten extraer dos conclusiones. En primer lugar, las diferencias culturales y de identidad social pueden activar sentimientos virulentos en relación a los adversarios, de modo que bloquea el empleo de un lenguaje compartido y destruye formas básicas de respeto. Apelar a mecanismos racionales con el fin de buscar valores universales como la justicia y la dignidad puede ser un movimiento envuelto en desconfianza e incapaz de destruir divisiones sociales entre grupos construidos en una lógica tribal de base afectiva. En cambio, defendí que cabe pensar en estrategias de cambio social e institucional, actuando en prácticas y significados sociales que alimentan ciertas formas de exclusión y división moral. Por último, también defendí el trabajo sentimental en diversas fuentes de la cultura, un trabajo que apela profundamente a nuestra sensibilidad moral y entendimiento moral, como forma de ampliar nuestra comunidad moral y permitir soluciones de cuestiones prácticas en temas importantes de salud pública (como el aborto) y moralidad política (como las cuotas raciales, el matrimonio gay, la prohibición de armas para civiles o la pena de muerte).

Referencias bibliográficas

AHMED, Sara, *The cultural politics of emotion*. Edinburgh: Edinburgh University Press, 2014.

BUCHANAN, Allen, *Our moral Fate. Evolution and the Escape from Tribalism*. Cambridge/Massachusetts: The MIT Press, 2020.

BURKITT, Ian, "Alienation and emotion: social relations and estrangement in contemporary capitalism". *Emotions and Society* [Bristol], vol. 1, nº 1, pp. 51-66. DOI: 10.1332/263168919X15580836411841.

CONNING, Andrew Scott, «Review of Moral Tribes: Emotion, reason, and the gap between us and them». *Journal of Moral Education* [London], vol. 44, nº 1, 2015, pp. 119-121.

CUSHMAN, Fiery; YOUNG, Liane; GREENE, Joshua, «Multi-System Moral Psychology». En *The Moral Psychology Handbook*. Oxford: Oxford University Press, 2010, pp. 47-71.

GAITA, Raimond, *O cão do filósofo*. Tradução Maria Lúcia Daflon. Rio de Janeiro: DIFEL, 2011.

GREENE, Joshua, *Tribos morais: a tragédia da moralidade do senso comum*. Tradução de Alessandra Bonrruquer. Rio de Janeiro/São Paulo: Editora Record, 2018.

HAIDT, Jonathan, *The Righteous Mind: Why Good People are Divided by Politics and Religion*. London: Penguin, 2013.

HANNON, Michael, «Empathetic Understanding in Politics». *Open for Debate*. 25 February 2019. https://blogs.cardiff.ac.uk/openfordebate/empathetic-understanding-in-politics/

HASLANGER, Sally, «Cognition as a Social Skill». *Australasian Philosophical Review* [London], vol. 3, nº 1, 2019, pp. 5-25.

HASLANGER, Sally, «Autonomy, Identity, and Social Justice Appiah's The Lies that Bind A review». *Philosophy and Public Issues* [Roma], vol. 10, nº 2, 2020, pp. 19-32.

KRAUSE, Sharon, *Civil Passions: Moral Sentiment and Democratic Deliberation*. Princeton: Princeton University Press, 2008.

KURTH, Charlie, «Cultivating Disgust: Prospects and Moral Implications». *Emotion Review* [London], vol. 3, nº 2, April 2021, pp. 101-112.

LARIGUET, Guillermo, *El odio y la ira. Furias desatadas en la democracia actual.* Rosario: Prohistoria Ediciones, 2023.

MOODY-ADAMS, Michele, *Making Space for Justice: social movements, collective imagination, and political hope*. New York: Columbia University Press, 2022.

NAGEL, Thomas, «The Cortex and the Trolley Problem». En *Analytic Philosophy and Human Life*. Oxford: Oxford University Press, 2023, pp. 167-178.

NUSSBAUM, Martha, *El ocultamiento de lo humano. Repugnancia, Vergüenza y Ley*. Madrid: Katz Editores, 2012.

PRINZ, Jesse, «Emotion and Political Polarization». En *The Politics of Emotional Shockwaves*. London: Palgrave McMillan, 2021, pp. 1-27.

RATCLIFFE, Matthew, *Grief Worlds*. Cambridge, Massachusetts: 2022.

RORTY, Richard, «Human Rights, Rationality and Sentimentality». En *Truth and Progress: philosophical papers*, vol. 3. Cambridge: Cambridge University Press, 1998, pp. 167-185.

SCARANTINO, Andrea; GRIFFTHS, Paul, «Emotions in the Wild: the situated perspective on emotion». En ROBINS, Philip; AYDEDE, Murat (eds.), *The Cambridge Handbook of Situated Cognition*. Cambridge: Cambridge University Press, 2009, pp. 437-453.

Flavio WILLIGES

EL GIRO EXTERNALISTA DE LA NEUROÉTICA: DE LAKOFF A MERCIER Y SPERBER, PASANDO POR HAIDT Y GREENE

Pedro Jesús PÉREZ ZAFRILLA

Universitat de València
P.Jesus.Perez@uv.es
ORCID: 0000-0002-3293-708X
DOI: 10.60940/comprendrev27n1id432845

Article rebut: 19/05/2023
Article aprovat: 19/09/2023

Resumen

En este artículo hago un recorrido por la historia de la neuroética, desde sus orígenes con el cambio de siglo hasta la actualidad. La tesis que defiendo es que la neuroética ha tenido dos etapas de desarrollo. Durante un primer momento el enfoque metodológico de esta disciplina fue internalista, por imitación al desarrollo de las técnicas de neuroimagen. Sin embargo, en un momento posterior, se impuso una metodología externalista, por el influjo de las nuevas teorías sobre psicología evolucionista. En la evolución de la obra neuroética de Joshua Greene y Jonathan Haidt se puede comprobar este cambio de metodología. Ambos autores han pasado de un enfoque inicial internalista a otro posterior externalista.

Palabras clave: neuroética, Joshua Greene, Jonathan Haidt, neurociencias, psicología evolucionista.

The externalist turn of the neuroethics: From Lakoff to Mercier and Sperber, through Haidt and Green

Abstract

In this article I present a history of neuroethics, from its origins at the turn of the century to the present. The thesis I defend is that neuroethics has had two stages of development. During a first moment, the methodological approach of this discipline was internalist, imitating the development of neuroimaging techniques. However, at a later time, an externalist methodology was imposed, due to the influence of the new theories on evolutionary psychology. In the evolution of the neuroethical work of Joshua Greene and Jonathan Haidt, this change in methodology can be verified. Both authors have gone from an initial internalist approach to a later externalist one.

Key words*:* neuroethics, Joshua Greene, Jonathan Haidt, neurosciences, evolutionary psychology.

1. Introducción

Cuando se cumplen una década de la publicación de *Moral tribes* de Joshua Greene, y ya más de veinte años de la publicación de «The Emotional Dog and its Rational Tail» de Jonathan Haidt, es un momento propicio para echar una mirada atrás y analizar la trayectoria que ha tenido la neuroética en el ámbito académico. La tesis que defenderé en este trabajo es que en la historia de la neuroética, desde su irrupción a finales del siglo pasado hasta nuestros días, se pueden establecer dos fases: una primera que iría desde los años noventa hasta finales de la primera década del siglo XXI, y una segunda que irrumpe justo a comienzos de la década de 2010 y que llega hasta nuestros días. Ambos periodos se diferencian por su enfoque metodológico sobre el cerebro y los procesos psicológicos. Defenderé que la metodología de la neuroética en el primer periodo es de corte «internalista», mientras que en el segundo periodo su aproximación al cerebro es «externalista». Esta historia de la neuroética permite, por un lado, trazar un recorrido por los diferentes autores de esta disciplina. Pero, también, observar cómo algunos de ellos, en particular Haidt y Greene, han modificado sus planteamientos a lo largo de estos años para pasar, de un enfoque inicialmente internalista, a otro claramente externalista.

Así, en este trabajo presentaré, en primer lugar, una genealogía de la neuroética, mostrando cómo los orígenes de esta disciplina se remontan a diversas teorías desarrolladas en los años setenta y ochenta del siglo XX. Después expondré el enfoque internalista de la neuroética, desarrollado principalmente por Lakoff, Libet, Haidt y Greene. Finalmente, desarrollaré el giro externalista de la neuroética, ejemplificado en Mercier y Sperber, pero también en Greene y Haidt, mostrando sus diferencias con el modelo internalista. Ello permitirá comprobar en qué medida el pensamiento de Greene y de Haidt ha evolucionado hacia un enfoque externalista sobre el cerebro.

2. Genealogía de la neuroética[1]

Siguiendo a Cortina, podemos definir la neuroética como la reflexión interdisciplinar llevada a cabo entre profesionales de la neurociencia, neuropsicología, derecho o filosofía sobre las implicaciones que las bases neuronales de la agencia moral tienen

[1] Esta sección forma parte de una comunicación presentada en el *VI Congreso Internacional de Bioética*. San José, (Costa Rica), 2022.

sobre nuestro comportamiento y juicio moral.[2] La neuroética abarca dos ámbitos apuntados por Roskies: uno hace referencia a las limitaciones éticas que cabe imponer a la investigación neurocientífica (la ética de la neurociencia). Pero el más significativo para nuestra investigación es la reflexión sobre el impacto que nuestro conocimiento del cerebro tiene sobre nuestra autocomprensión como seres morales (la neurociencia de la ética).[3]

Si bien el término «neuroética» ya había sido empleado ocasionalmente por algunos autores en los años noventa del siglo XX, se suele considerar como origen de la neuroética como disciplina académica el congreso «Neuroética: esbozando un mapa del terreno», celebrado en San Francisco en 2002. En él diversos especialistas de la psicología, la neurociencia, el derecho o la filosofía reflexionaron sobre las implicaciones que las innovaciones sobre el conocimiento del cerebro, producidas con las nuevas técnicas de neuroimagen, tenían sobre nuestra comprensión como seres humanos en ámbitos como la libertad, el comportamiento político, el económico o la formación del juicio moral.[4] Será, pues, con el cambio de siglo, cuando irrumpa la neuroética como disciplina, acaparando los focos de la reflexión académica. Desde entonces el mundo de las ciencias sociales y las humanidades giró en torno a un paradigma neurocéntrico, hasta el año 2016. En ese momento, la irrupción del populismo y más actualmente el desarrollo de la inteligencia artificial relegaron la reflexión sobre el cerebro a un segundo plano.

La neuroética tuvo, así, su origen en el impulso que adquirirá la neurociencia con las nuevas técnicas de neuroimagen. Esta es una clave importante que, en mi opinión, marcará los diseños metodológicos internalistas de las primeras teorías neuroéticas sobre el juicio moral, desarrolladas a lo largo de la primera década del siglo XXI por Greene y Haidt, o incluso ya en los noventa con Lakoff. Pero sobre este punto volveré más adelante. Ahora mi intención es presentar una genealogía de la neuroética, pues las teorías del procesamiento dual desarrolladas por Haidt y Greene en los 2000 tienen un precedente directo en diversas teorías de psicología cognitiva y de psicología evolucionista desarrolladas en los años setenta.

En el ámbito de la psicología, a lo largo del siglo XX imperó un modelo cognitivista que tuvo como principal representante a Piaget, primero, y después a Kohlberg. Este modelo cognitivista, en la línea de la tradición filosófica y el modelo estándar de las ciencias sociales, concibe al ser humano como poseedor de una facultad racional cuyos contenidos aprehende del exterior mediante el conocimiento y la educación. Sin em-

[2] Cfr. Adela Cortina, *Neuroética y neuropolítica. Sugerencias para la educación moral.* Madrid: Tecnos, 2011, p. 46.

[3] Cfr. Adina L. Roskies, «Neuroethics for a new millenium». *Neuron* [Cambridge, Massachusetts], vol. 35, nº 1, 2002, pp. 21-23.

[4] Cfr. Adela Cortina, *op. cit.*, p. 25.

bargo, esta concepción cognitivista fue puesta en cuestión ya en los años setenta y ochenta del siglo XX por dos corrientes de investigación que irrumpieron con fuerza en ese momento: la teoría del procesamiento dual y la psicología evolucionista. A continuación, expondré cada una de ellas y cómo ambas desembocarán en el paradigma neurocéntrico que dominó la academia durante las dos primeras décadas del siglo XXI.

1.1. Teoría del procesamiento dual

La teoría del procesamiento dual surgió en los años setenta de la mano de investigadores de diferentes ámbitos de la psicología cognitiva y la psicología social dedicados al estudio de distintas actividades cognitivas como el razonamiento, la memoria, la toma de decisiones o la formación de prejuicios y estereotipos. Las diferentes investigaciones se realizaron en paralelo y sin una conexión entre sí, pero los resultados arrojaron un denominador común: propugnaban que el fenómeno analizado (la memoria, el aprendizaje, la formación de estereotipos, etc.) se llevaba a cabo mediante dos mecanismos mentales de procesamiento distintos: el primero, que podemos denominar «proceso 1», es comúnmente caracterizado por los distintos autores como rápido, sin esfuerzo, automático, no consciente e inflexible. Sería, por tanto, ajeno al control del sujeto. Por su parte, el segundo, que podemos llamar «proceso 2», es lento, esforzado, consciente y flexible.[5] Este otro sí que estaría bajo el control y la dirección del sujeto. Además, ambos procesos actuarían de forma independiente el uno del otro.

En este primer momento, los estudiosos entendían estos dos procesos como mecanismos cognitivos propios del ámbito concreto estudiado. Así, por ejemplo, los psicólogos cognitivos señalaron la existencia de formas conscientes y no conscientes de aprendizaje y de sistemas conscientes y no conscientes de memoria; o en psicología social se advirtió que en la formación de impresiones se puede distinguir entre procesos no reflexivos de categorización y un reconocimiento gradual y consciente de atributos personales.[6] De esta forma, aparecerán teorías del procesamiento dual del aprendizaje, del razonamiento deductivo, de la persuasión, de la formación de impresiones, etc.

Estas teorías del procesamiento dual han ido proliferando desde finales del siglo pasado hasta constituir el paradigma predominante en el ámbito de la psicología social y cognitiva.[7] En esta línea, algunos autores no se han limitado a constatar esa dualidad

[5] Cfr. Keith Frankish y Jonathan St. B. Evans, «The duality of mind: an historical perspective». En: Jonathan St. B. Evans y Keith Frankish (eds.), *In Two Minds: Dual Processes and Beyond.* Oxford: Oxford University Press, 2009, p. 17.

[6] Cfr. Bertram Gawronski, Jeffrey W. Sherman y Yaacov Troppe, «Two of what? A conceptual analysis of dual-pricess theories», En: Jeffrey W. Sherman y Bertram Gawronski (eds.), *Dual-process theories of the social mind.* New York-London: The Guidford Press, 2014, p. 7.

[7] Cfr. *Ibid.*, p. 8.

de procesos mentales que rigen esas actividades concretas. Han dado un paso más hacia las denominadas «teorías del sistema dual», cuya idea básica es que los procesos automático y reflexivo de cada actividad cognitiva analizada tendrían su base en dos sistemas cognitivos de procesamiento de información independientes en los que estaría dividida la mente humana: el Sistema 1 y el Sistema 2. Los autores, como Kahneman[8] o Greene,[9] difieren en el número de atributos que otorgan a cada uno de estos sistemas, aunque mantienen unos elementos comunes en sus caracterizaciones. El Sistema 1 sería inconsciente, rápido y automático, mientras que el Sistema 2 sería consciente, lento y esforzado.

1.2. Psicología evolucionista

La otra fuente del paradigma neurocéntrico la representa la psicología evolucionista. Esta es una disciplina surgida en los años setenta y que tiene como objetivo realizar la tarea que la psicología clínica tenía pendiente desde el siglo XIX: aplicar la teoría darwiniana al comportamiento humano. La tesis central de esta corriente teórica es que el comportamiento humano tiene como base unos mecanismos psicológicos, los cuales han sido seleccionados de la misma forma que otros órganos por su eficiencia para mantener la supervivencia en la época ancestral de formación de nuestro cerebro. Por tanto, la psicología evolucionista se pregunta cuál es el origen filogenético de los mecanismos psicológicos que existen en el presente, por qué estos mecanismos existen en la forma que adquieren hoy y qué tipo de problemas específicos resolvían esos mecanismos en la época ancestral en que se formaron. Porque la eficiencia de los mecanismos psicológicos para resolver los problemas evolutivos que se planteaban en el periodo ancestral fue lo que dio como origen, mediante las progresivas adaptaciones, a la conformación de nuestra mente en la actualidad.[10]

La psicología evolucionista se puede dividir en dos grandes corrientes que corresponden a la respuesta dada a la pregunta sobre qué problemas adaptativos resolvían los procesos psicológicos en el periodo ancestral y que provocaron la conformación de nuestro cerebro en su configuración actual:[11]

Por un lado, estaría la sociobiología, donde cabría incluir a Wilson con su *Sociobiología*, pero también a Dawkins con su teoría del gen egoísta, y otros autores como

[8] Cfr. Daniel Kahneman, *Pensar rápido, pensar despacio.* Barcelona: Debate, 2012, p.22.

[9] Cfr. Joshua Greene, *Moral tribes. Emotion, reason, and the gap between us and them.* London: Atlantic Books, 2013, p. 143.

[10] Cfr. Ana María Fernández Tapia, «Aportes del darwinismo a la psicología clínica: el paradigma de la psicología evolucionista». *Terapia psicológica* [Providencia, Chile], vol. 22, nº 1, 2004, p. 36.

[11] Cfr. David M. Buss, «Evolutionary psychology: A new paradigm for psychological science». *Psychological Inquiry* [London], vol. 6, nº 1, 1995, p. 4.

Hamilton. Todos ellos comparten la tesis de que la función adaptativa que configuró nuestra mente en la época ancestral fue la aptitud reproductiva. Es decir, nuestros mecanismos psicológicos se desarrollaron del modo como lo hicieron porque era el modo como permitían la supervivencia y la reproducción de la especie.

En cambio, otros autores, entre los que destacan Leda Cosmides, John Tooby, Robert Trivers y Donald Symons, adoptan un enfoque diferente. Para ellos los problemas adaptativos que nuestros antepasados tuvieron que solventar no era uno solo (la supervivencia), sino múltiples, y no eran los mismos problemas para todos los individuos. Por ello, la tesis de estos autores es que el proceso evolutivo, mediante la selección natural, ha configurado unos mecanismos mentales específicos dirigidos a dar respuesta a ciertos problemas ambientales concretos, como el alimento, el apareamiento o la cooperación en el grupo. Así, no tendríamos una mente general dirigida a realizar unas mismas funciones (conocer, aprender) en diferentes contextos. En realidad, tendríamos una mente modular compuesta de cableados específicos dirigidos a resolver esa pluralidad de problemas concretos surgidos en la época de formación de nuestro cerebro. Estos eran problemas adaptativos propios de las sociedades de cazadores-recolectores, aunque hoy empleemos esos mismos mecanismos cerebrales para solucionar otros problemas y no nos resulten adaptativos. Por ejemplo, nuestro cerebro desarrolló mecanismos psicológicos como el gusto por el dulce porque en las sociedades primitivas la acumulación de calorías era de vital importancia. En cambio, en nuestras sociedades sedentarias ese gusto por el dulce representa un problema. O también el cerebro desarrolló la atracción sexual para facilitar el apareamiento, aunque hoy el sexo no se emplee exclusivamente para la reproducción y se reconozcan diferentes identidades de género.[12]

3. El paradigma neurocéntrico internalista

Así pues, las teorías del procesamiento dual y las propuestas de la psicología evolucionista dieron pie a la aparición del paradigma neurocéntrico que dominó el ámbito académico en las dos primeras décadas del siglo XXI. Este paradigma neurocéntrico aborda las implicaciones del cerebro (y de su formación en el proceso evolutivo) en el comportamiento humano en sus diferentes esferas (ética, económica, política, religiosa, ...), dando así lugar a las reflexiones sobre neuroética, neuroeconomía, neuropolítica, neuroreligión, etc.[13] Son muchos los autores que a lo largo de estos años cultivaron la reflexión neuroética. Pero, en mi opinión, los autores que mayor impacto han

[12] Cfr. Leda Cosmides y John Tooby, «Evolutionary psychology: a primer». 13th January 1997. Disponible en: http://www.psychology.sunysb.edu/attachment/courses/620/pdf_files/evol_psych.pdf.

[13] Cfr. Adela Cortina, *op. cit.*, p. 42.

tenido son Greene y Haidt en el ámbito anglosajón y los miembros de la Escuela de Valencia, dirigida por la filósofa Adela Cortina, en el ámbito hispano.[14]

Este paradigma neurocéntrico, articulado en torno a diferentes teorías del procesamiento dual y de las tesis evolucionistas, así como en torno a la discusión sobre los estudios en neuroimagen y sus implicaciones sobre la libertad humana, rompe con el modelo cognitivista al reconocer el papel de las emociones y de los aspectos no conscientes que están presentes en la cognición humana. Ahora bien, un elemento clave de este enfoque neurocéntrico desarrollado en la primera década del siglo XXI es su carácter internalista, a semejanza de la metodología neurocientífica. La neurociencia, como saber experimental, tuvo en las nuevas técnicas de neuroimagen una herramienta muy útil para conocer el funcionamiento del cerebro. Por primera vez era posible conocer el funcionamiento del cerebro en tiempo real mientras realiza ciertas actividades. Ello permitiría conectar la activación de ciertas partes del cerebro con el comportamiento humano en diferentes ámbitos, dando de esta forma una base empírica al conocimiento sobre el obrar humano. Esta metodología tenía un claro carácter «internalista». Entiendo por «internalista» una metodología consistente en estudiar cómo el contexto que rodea al sujeto (y su cerebro) provoca ciertas reacciones en éste. Es «internalista» porque el análisis se centra en cómo el exterior del sujeto influye en la reacción que se produce en el cerebro. Por ejemplo, se analizaba, a través de neuroimágenes y el estudio del bombeo sanguíneo cerebral, cómo el cerebro reaccionaba a los estímulos provenientes del exterior, provocando determinados juicios o comportamientos.

La neuroética, durante la primera década de su desarrollo, adoptó una metodología análoga también de carácter internalista. Estudiaba cómo el contexto que rodea al sujeto provoca ciertas reacciones conscientes o inconscientes en el cerebro y cómo ello da lugar a ciertos comportamientos o juicios de carácter cognitivo o intuitivo. Esto se observa si analizamos más detenidamente la metodología de autores como Greene y Haidt.

En su tesis doctoral y en sus artículos de los años 2000, Joshua Greene hace una aproximación experimental a la ética a partir del estudio con técnicas de neuroimagen de la respuesta que unos sujetos dan a ciertos dilemas morales, siendo el más conocido el *trolley problem*.[15] Un denominador común a los experimentos realizados por Greene es que en aquellos escenarios en los que había un contacto directo con otra persona, los

[14] Cfr. Pedro Jesús Pérez Zafrilla. «The Emotional Dog Was a Glauconian Canine: The Reception of the Social Intuitionist Model, From the Neurocentric Paradigm to the Digital Paradigm». *Revista de Humanidades de Valparaíso* [Valparaíso, Chile] nº 19, 2022, pp. 63-83.

[15] Cfr. Joshua Greene, R. Brian Sommerville, Leigh E. Nystrom, John M. Darley y Jonathan D. Cohen, «An fMRI Investigation of Emotional Engagement in Moral Judgment». *Science* [Washington D. C.], vol. 293, 2001, pp. 2105-2108; Cfr. Joshua Greene, «From neural "is" to moral "ought": what are the moral implications of neuroscientific moral psychology?». *Nature Reviews* [London], vol. 4, 2003, pp. 847-850; Cfr. Joshua Greene, «La broma secreta del alma de Kant». *Revista de Humanidades de Valparaíso* [Valparaíso, Chile], nº 20, 2022, pp. 183-229.

juicios que expresaba el individuo eran de carácter deontológico, dirigidos a ayudar o, en su caso, a no dañar a la otra persona. Esos juicios tenían un origen intuitivo, al asociarse con aquellas regiones del cerebro más primitivas y ligadas a la emoción, como la amígdala. En cambio, cuando el escenario presentaba una relación lejana con la víctima, activaba regiones cerebrales surgidas más recientemente, como el córtex prefrontal dorso lateral, y esa activación daba como resultado juicios con un carácter cognitivo de corte utilitarista. La tesis de Greene es que los juicios deontológicos están asociados a un «sistema de alarma» o Sistema 1, ligado a conductas intuitivas desarrolladas por la evolución y que fomentan la cooperación con los cercanos para permitir la supervivencia. En cambio, los juicios consecuencialistas, serían fruto del Sistema 2, y tendrían un carácter más racional. En todo caso, para Greene ambos sistemas cognitivos estarían conectados. El caso del *crying baby* o el del tren cargado con una bomba atómica llevan a los sujetos a aceptar moralmente el daño a un cercano una vez el razonamiento hace un cálculo de costes y beneficios y determina que el beneficio de dañar al cercano supera con creces al coste de no hacerlo. Por tanto, para Greene, los dos sistemas cognitivos, aun teniendo un diferente origen evolutivo y unos diferentes juicios característicos, tendrían una relación entre sí.

Ahora bien, la clave está en que son los diferentes contextos creados por Greene con sus dilemas los que provocan un tipo de reacción u otra en el sujeto: cuando la relación presentada en el dilema es indirecta, el juicio es utilitarista. En cambio, cuando la relación es directa, el juicio es deontológico, a menos que en esa situación represente un daño mayor no producir un daño. Entonces, el sujeto hace un cálculo utilitarista y decide dañar. Dicho de otro modo, el enfoque de Greene es claramente internalista, en el sentido de que se analiza la reacción que el contexto provoca en el cerebro. Greene presenta a los sujetos unos dilemas que representan situaciones directas o indirectas de daño o ayuda, y el investigador observa, con los estudios de neuroimagen, la reacción que ese contexto provoca en el cerebro, a través de la activación de las diferentes regiones cerebrales. A esta metodología se han realizado diversas críticas que inciden tanto en la irrelevancia normativa de los estudios con neuroimágenes,[16] como en el carácter tautológico de esta metodología,[17] y otras críticas de tipo ético.[18] Pero mi objetivo en este artículo es simplemente señalar ese carácter internalista de esta metodología.

[16] Cfr. Selim Berker, «The Normative Insignificance of Neuroscience». *Philosophy and Public Affairs* [Malden, Massachusetts], vol. 37, 2009, pp. 293-329.

[17] Cfr. Guy Kahane, «Intuitive and counterintuitive morality». En: Justin D'Arms y Daniel Jacobson (eds.), *Moral psychology and Human Agency: Philosophical Essays on the Science of Ethics*. Oxford University Press, Oxford, 2014, pp. 9-39.

[18] Cfr. Ariel James Trapero, «The moral continuum: Congruence, consistency, and continuity of moral cognition». *Theory & Psychology*, vol. 27, nº 5, 2017, pp. 643-662; Cfr. Pedro Jesús Pérez Zafrilla. «The dual process model of moral judgement. A divided mind or a myopic methodology?». *Pensamiento* [Madrid] vol. 77, nº 295, 2021, pp. 511-521.

Otro ejemplo lo encontramos en Haidt y sus ensayos de psicología, sobre los que articula su propuesta del intuicionismo social.[19] Haidt no trabaja con dilemas, sino con situaciones extravagantes y analiza las respuestas que dan los sujetos a la pregunta sobre qué valoración moral hacen de esas situaciones. El elemento característico de los casos construidos por Haidt es que son siempre acciones realizadas por terceras personas y en las que no se produce un daño a alguien. Son los denominados «males sin daño»: comerse un perro, masturbarse con un pollo, tener sexo con un hermano o limpiar el retrete con la bandera nacional. Si el sujeto valora esa acción como inmoral, después se le pide que justifique su respuesta. El punto clave para Haidt está en que los sujetos son incapaces de justificar coherentemente su posición. Aportan respuestas heterónomas que no encajan con la situación planteada. Para Haidt este «desconcierto moral» producido por los males sin daño sería la prueba de que la mayoría de los juicios tienen un origen intuitivo, no racional.

De nuevo, el enfoque metodológico de Haidt es internalista: se presenta a los sujetos unas situaciones y se observa la reacción que esas situaciones provocan en los sujetos, dando lugar al desconcierto moral y, con él, a juicios que resultan de carácter intuitivo, según el psicólogo americano. Al enfoque de Haidt se le han realizado numerosas críticas, sobre todo desde la Escuela de Valencia.[20] Pero aquí simplemente deseo mostrar ese carácter internalista de su metodología, dejando a un lado las críticas de que el intuicionismo moral puede ser objeto.

Tanto Greene como Haidt se apoyan en los estudios de psicología evolucionista para defender sus propuestas relativas al modelo del procesamiento dual. Para ambos, la formación del cerebro en la época ancestral conformó los procesos psicológicos que aportan respuestas intuitivas en diferentes contextos. Con ello, su referencia a la psicología evolucionista es de carácter internalista. El cerebro se formó para dar respuestas intuitivas al entorno como forma de garantizar la supervivencia del sujeto en el entorno social. Sin embargo, cuando el contexto presentado difiere del habitual en la época de formación de nuestro cerebro (por ejemplo, porque la relación con el otro es lejana), la respuesta del cerebro viene impulsada por partes del cerebro desarrolladas con posterioridad y, por tanto, esa respuesta tiene una mayor carga cognitiva, no emotiva. En esta primera década dels siglo XXI estos autores recurren a la psicología evolucionista sólo para explicar el origen evolutivo de los procesos psicológicos que están a la base de los

[19] Cfr. Jonathan Haidt, «The emotional dog and its rational tail: A social intuitionist approach to moral judgment». *Psychology Review* [Washington D. C.], vol. 108/4, 2001, pp. 998-1002; Cfr. Jonathan Haidt, Silvia Helena Koller y Maria G. Dias, «Affect, culture and morality, or is it wrong toe at your dog?». *Journal of Personality and Social Psychology* [Washington D. C.], vol. 65, 1993, pp. 613-628.

[20] Cfr. Pedro Jesús Pérez Zafrilla. «Implicaciones normativas de la psicología moral: Jonathan Haidt y el desconcierto moral». *Daimon. Revista internacional de filosofía* [Murcia], nº 59, 2013, pp. 9-25; Pedro Jesús Pérez Zafrilla. «The dual process model of moral judgement. A divided mind or a myopic methodology?». *Pensamiento* [Madrid], vol. 77, nº 295, 2021, pp. 511-521.

juicios intuitivos. Pero no van más allá. Este es un punto clave que confronta al enfoque internalista con el enfoque externalista en neuroética, que se analizará a continuación.

Otro autor dentro del enfoque internalista es Libet, con sus ensayos sobre la libertad. Él se limita a evaluar la diferencia temporal entre la respuesta cerebral y la decisión consciente en la toma de decisiones. Libet concluye que la respuesta cerebral es previa a la decisión consciente del sujeto, por lo que el sujeto no sería libre.[21] Un último autor de la neuroética cuyo enfoque es también internalista es Lakoff. Este neurolingüista analiza, desde la lingüística cognitiva, las metáforas que emplean los sujetos progresistas y conservadores al hablar sobre política. Pero al análisis de Lakoff me referiré en la última sección, para confrontarlo con Haidt.

4. El giro externalista de la neuroética

La metodología internalista en neuroética imperó durante la primera década del siglo XXI. Sin embargo, desde finales de esa misma década y, especialmente, ya a comienzos de la década de 2010, tuvo lugar un giro en la metodología hacia un enfoque externalista. En él los autores ya no se limitan a estudiar la respuesta del cerebro a un contexto social dado en la forma de dilemas o situaciones extravagantes. Ahora, los autores nos muestran cómo el cerebro ha desarrollado unos mecanismos dirigidos a garantizar la supervivencia del individuo en el entorno social. Lo llamo «enfoque externalista» porque analiza las tendencias e impulsos que el cerebro ha desarrollado en el proceso evolutivo y que le llevan a desencadenar una serie de actitudes o comportamientos al exterior para garantizar la supervivencia en el entorno social. Esta metodología tomará como base principalmente la teoría de la mente modular desarrollada por la psicología evolucionista en los años setenta. La psicología evolucionista había quedado en un completo segundo plano durante el desarrollo de la neuroética en la década del año 2000, cuando la neuroética estaba deslumbrada por los desarrollos de la neuroimagen.

Este enfoque externalista tiene como referentes principales de nuevo a Haidt y Greene, pero también a Mercier y Sperber con su teoría argumentativa del razonamiento, luego llamada «teoría interaccionista del razonamiento». Comenzaré por Haidt:

Haidt y Joseph, ya en un artículo de 2004, proponen la idea de que el ser humano viene al mundo configurado con una «ética intuitiva» en el cerebro, que prepara al individuo para dar las respuestas intuitivas apropiadas para determinados problemas surgidos en contextos relativos al sufrimiento, la jerarquía, la reciprocidad y la pureza.[22] Si

[21] Cfr. Benjamin Libet, «Do we have free will?». *Journal of Consciousness Studies* [Thorverton, Exeter], vol. 6, nº 8, 1999, pp. 47-57.

[22] Cfr. Jonathan Haidt y Craig Joseph, «Intuitive Ethics: How Innately Prepared Intuitions Generate Culturally Variable Virtues». *Daedalus* [Cambridge, Massachusetts], vol. 133, nº 4, 2004, pp. 55-66.

bien los contextos culturales influyen en las respuestas que los sujetos aprenden socialmente, también es cierto que los problemas sociales a los que las culturas tratan de dar respuesta desde la época ancestral han sido siempre los mismos: distribución de recursos, jerarquías de estatus, ayuda a los necesitados y rechazo a la contaminación o impurezas. Por ello, entienden estos autores, nuestro cerebro se ha configurado en su desarrollo evolutivo con cuatro «módulos» (lo que después Haidt llamará «fundamentos morales») que funcionan como sensores de esas cuatro situaciones. Los módulos son mecanismos psicológicos especializados para resolver problemas específicos mediante unas respuestas intuitivas apropiadas. Finalmente, Haidt y Joseph señalan que las diferencias entre progresistas y conservadores radicarían en que los conservadores basarían su moral en los cuatro módulos, mientras que los liberales lo harían sólo en los del sufrimiento y la reciprocidad, dejando en un segundo plano los módulos de la pureza y la jerarquía.

Haidt y Joseph toman como referentes de su propuesta, principalmente, tres teorías. Por un lado, la primatología; en segundo lugar, la teoría de la mente modular de Fodor. Finalmente, las teorías de psicología evolucionista de Trivers, así como de Cosmides y Tooby. De ellas adoptan la idea de que nuestra mente tendría una estructura modular, dirigida a resolver ciertos problemas adaptativos, presentes ya entre los primates. Esto hace que en determinados contextos se activen respuestas intuitivas de ayuda a los cercanos que sufren, de obediencia a la autoridad, de lealtad al grupo y castigo a los gorrones o de rechazo de la contaminación. Estas respuestas van unidas a las emociones morales correspondientes: compasión, respeto, indignación, asco... Pero especialmente llama la atención que ya en este artículo Haidt y Joseph señalan que la diferencia entre conservadores y progresistas, que estos autores basan en los módulos morales, es compatible con la explicación desarrollada por Lakoff en su obra *Moral politics*.[23] Pues bien, la tesis que defenderé en la próxima sección es que, si bien la conclusión de Lakoff es similar a la de Haidt y Joseph, el enfoque de Lakoff es internalista, mientras que el de Haidt y su equipo es externalista. Más adelante volveré sobre esta idea para analizar la curiosa coincidencia en las metodologías de estos autores.

En artículos posteriores,[24] y especialmente en su obra *La mente de los justos*, Haidt irá ampliando esta teoría de los fundamentos morales, hasta dejar esos fundamentos en seis (con sus virtudes morales correspondientes): cuidado/daño (cuidado); equidad/engaño (equidad); lealtad/traición (lealtad); autoridad/subversión (obediencia) y santidad/degradación (piedad). Cada uno de estos fundamentos tendría para Haidt un origen evolutivo concreto, que dio lugar a la formación de cada módulo en respuesta a un

[23] Cfr. *Ibid.*, p. 64, nota 16.

[24] Cfr. Jesse Graham, Jonathan Haidt y Brian A. Nosek, «Liberals and conservatives rely on different sets of moral foundations». *Journal of Personality and Social Psychology* [Washington D. C.], 2007, vol. 96, nº 5, pp. 1029-1046.

detonante determinado.[25] Así, hay fundamentos morales para los que el detonante del módulo es el mismo en la actualidad que en la época ancestral. Por ejemplo, el módulo cuidado/daño, que impulsa a ayudar a los cercanos y no dañarlos, tendría como detonante originario el cuidado de los bebés, siendo el mismo en la actualidad. Pero en otros casos, en la actualidad los módulos son detonados por experiencias que evocan de alguna forma al periodo ancestral. Por ejemplo, el detonante del fundamento autoridad/subversión en la época ancestral era el macho alfa de los primates, mientras hoy ese detonante es la persona que representa la autoridad en un contexto dado: el profesor en la escuela, el jefe en la empresa o el presidente del gobierno.

La clave externalista de esta teoría de los fundamentos morales reside, por un lado, en el hecho de que Haidt ya no habla propiamente del juicio moral como una respuesta del sujeto al entorno. Los módulos que se corresponden con cada fundamento moral, si bien se forman en respuesta a unos problemas concretos del entorno social existente en la época ancestral, esos módulos incorporan ya una predisposición innata en los sujetos a responder de forma intuitiva para resolver esos problemas. Pero fundamentalmente, el enfoque externalista se evidencia en el hecho de que para Haidt los humanos nacen ya con una disposición a la cooperación con el grupo, que permite la supervivencia dentro del grupo. Es precisamente esta disposición, regulada también por el propio grupo a través de las normas morales y legales, la que configura la concepción que Haidt adopta de la moral. Haidt define la moral como un conjunto de virtudes, prácticas, instituciones y mecanismos psicológicos que evolucionaron para reducir el egoísmo de los individuos y fomentar su cooperación con el grupo.[26] Es decir, la moral es representada como una adaptación tanto biológica como cultural dirigida a fomentar la cohesión grupal como forma de garantizar la supervivencia dentro del grupo.

En un sentido similar se expresa Greene en *Moral tribes*. Esta obra de 2013 representa el giro externalista de este autor. El centro de atención de Greene en esta obra no es ya el sujeto y su respuesta a dilemas, sino la formación de grupos. Ahora lo que preocupa a Greene no es el proceso psicológico que lleva a la formación de juicios deontológicos o utilitaristas, sino la configuración cerebral heredada de la evolución que nos lleva a formar grupos (tribus), dividiendo el mundo entre «nosotros» y «ellos». En esta obra ya no se limita a examinar la reacción moral de los sujetos a diferentes dilemas personales o impersonales que dan lugar a los juicios deontológicos o utilitaristas, unidos a los sistemas de alarma (Sistema 1) y manual (Sistema 2), sino que profundiza en nuestra tendencia al tribalismo.[27] Por ese motivo, en esta obra Greene no se apoya en las técnicas

[25] Cfr. Jonathan Haidt, *La mente de los justos. Por qué la política y la religión dividen a la gente sensata.* Barcelona: Deusto, 2019, p. 185.

[26] Cfr. *Ibid.*, p. 387.

[27] De ahí que el libro se titule *Moral tribes.*

de neuroimagen, sino que se remite a las teorías de la psicología evolucionista desarrolladas en los años setenta y que Greene en sus artículos de principios de este siglo dejaba en un segundo plano, frente a la experimentación con técnicas de neuroimagen.

Desde este enfoque que pone en el centro la formación de grupos, heredado de la psicología evolucionista, Greene aporta ahora también una definición de moral que va en la línea de la ofrecida unos años antes por Haidt. Para Greene la moral es también una adaptación biológica para fomentar la cooperación dentro del grupo.[28] Apoyándose en las teorías de la psicología evolucionista de los años setenta y otras más recientes, Greene defiende en esta obra que el ser humano está diseñado para la cooperación con los cercanos y la competición con otros grupos. Pero, sobre todo, el ser humano para Greene tiene que mantener su reputación en el entorno social.[29]

Este es el punto clave del enfoque externalista. En la década del año 2010 un conjunto de autores, entre los que se encuentran Greene y Haidt, defenderán que la cognición humana está dirigida a mantener la reputación de los sujetos en el entorno social.[30] Es decir, el enfoque metodológico de Greene, Haidt y de otros autores que citaré a continuación parte de la base de que en el ser humano hay unos impulsos latentes a proyectar una buena imagen de sí mismo ante los demás como una forma de mantener la supervivencia en el entorno social. Para Greene, como para Haidt, esa buena imagen se forja a través de la cooperación. De ahí que la moral sea definida por ambos como una adaptación biológica dirigida a fomentar la cooperación dentro del grupo.

Este enfoque externalista tiene en Hugo Mercier y Dan Sperber a sus máximos representantes. Estos autores han desarrollado una teoría argumentativa del razonamiento, así como una teoría revolucionaria sobre los sesgos cognitivos. A continuación, expondré brevemente cada una de estas ideas:

La tesis central de Mercier y Sperber es que el razonamiento no es una facultad que surgiera evolutivamente para conocer la realidad, sino para sobrevivir en el entorno social.[31] Ciertamente, conocer la realidad es adaptativo: saber si el león es carnívoro o herbívoro es adaptativo. Aquellos animales que se quedaban parados pensando si el león se los comería o no, no se reproducían, ya que acababan en las fauces del león. En cambio, los animales que desarrollaron el instinto de huida al ver asomar al león por la sabana, se reproducían, al escapar de su alcance. Además, esta idea darwiniana de que el razonamiento es una facultad diseñada para conocer la realidad tiene una base aris-

[28] Cfr. Joshua Greene, *Moral tribes, op. cit.*, p.185.

[29] Cfr. *Ibid.*, p. 60.

[30] Cfr. *Ibid.*, p. 44; Jonathan Haidt, *La mente de los justos, op. cit.*, p. 139.

[31] Cfr. Hugo Mercier y Dan Sperber, *The enigma of reason. A new theory of human understanding.* London: Penguin Books, 2017, p. 143.

totélica. No en vano, la *Metafísica* de Aristóteles comienza diciendo que el hombre tiene una tendencia a conocer.[32] Es decir, la mente está orientada a conocer la realidad.

Frente a este enfoque darwiniano-aristotélico, entienden Mercier y Sperber que para los humanos, como seres sociales, hay algo más adaptativo que conocer la realidad: proyectar una buena imagen ante los miembros del propio grupo. En la época ancestral mantener una buena reputación en el grupo era de vital importancia para sobrevivir. Esto se garantizaba mediante la reciprocación, como explica Trivers,[33] pero también, como señalan Mercier y Sperber, mediante el razonamiento, exponiendo buenas razones ante los demás para convencerles de que apoyen nuestras propuestas y tengan una buena imagen de nosotros.[34] Esta idea de Mercier y Sperber tiene dos implicaciones clave que se derivan del enfoque externalista de su planteamiento:

La primera es que, según la teoría argumentativa del razonamiento, la función del razonamiento no es la formación de juicios de forma privada, como pensaban Haidt y Greene allá por los inicios del siglo XXI. Por el contrario, su función es argumentativa en un contexto interpersonal. Es decir, el razonamiento sería una facultad desarrollada evolutivamente para facilitar la adaptación de los sujetos en los contextos interpersonales. El objetivo del razonamiento sería el de permitir al sujeto mantener su reputación ante los demás mediante el intercambio de información con sus semejantes para que estos tengan una buena imagen de él.[35]

El razonamiento, según Mercier y Sperber, funciona de acuerdo a dos procesos bien diferenciados: uno está dirigido a evaluar las razones del interlocutor para quedarse con la información relevante para conocer la realidad social (y así asegurarte de si te puedes fiar del otro o no). El segundo proceso está dirigido a buscar y presentar argumentos que apoyen nuestra posición. Mientras el primer proceso funcionaría de un modo objetivo, discriminando la información relevante para nuestra supervivencia de la que no, el segundo sería un proceso sesgado que sólo busca razones favorables a nuestra posición. Esto nos conecta con el tema de los sesgos cognitivos.

Según Mercier y Sperber, los sesgos cognitivos no serían el resultado de un error de programación de nuestro cerebro en la época ancestral. Más bien se tratan de estrategias evolutivas para facilitar la supervivencia en el entorno social.[36] Es decir, si nuestra mente hubiera evolucionado para conocer la realidad, nuestro razonamiento estaría sesgado en contra de nuestras creencias, para tener así un conocimiento objetivo de la

[32] Cfr. Aristóteles, *Metafísica*. Madrid: Gredos, 2000, 980a25.

[33] Cfr. Robert Trivers, «The evolution of reciprocal altruism». *The Quarterly Review of Biology* [Chicago], vol. 46, nº 1, 1971, pp. 35-47.

[34] Cfr. Hugo Mercier y Dan Sperber, *The enigma of reason, op. cit.*, p. 210.

[35] Cfr. Hugo Mercier y Dan Sperber, «Why do humans reason? Arguments for an argumentative theory?». *Behavioural and brain sciences* [Cambridge], vol. 34, 2011, p. 60.

[36] Cfr. Hugo Mercier y Dan Sperber, *The enigma of reason, op. cit.*, p. 218.

realidad y sobrevivir. Sin embargo, sucede lo contrario. El sesgo de confirmación y el de razonamiento motivado llevan a los sujetos a evaluar las evidencias y a buscar razones a favor de lo que pensamos, por muy equivocados que estemos en realidad, así como a restar peso y a buscar razones contra las evidencias que refutan nuestras tesis.[37] Para Mercier y Sperber la única explicación posible a este hecho es que, efectivamente, estas sean estrategias evolutivas desarrolladas en la época ancestral para garantizar la reputación (y con ella la supervivencia) a nivel social.

Otro ejemplo aún más claro es el sesgo de deseabilidad social. Este consiste en la tendencia por la que la persona reacciona de forma inconsciente en un contexto para proyectar una buena imagen de sí misma, aunque sea mediante conductas o respuestas irracionales. Por ejemplo, ante una entrevista callejera sobre temas de actualidad, muchas personas responden a lo que se les pregunta, aunque no tienen una opinión formada sobre el asunto. Simplemente responden para dar una buena imagen ante el entrevistador, aunque este no las conoce de nada y, por tanto, no existe un motivo justificado para proyectar una buena imagen ante él.

Otro ejemplo de este sesgo se produce con los jóvenes que marchan al extranjero a practicar un idioma, como puede ser el inglés. Cuando dialogan, por ejemplo, con su familia de acogida, y no entienden algo, dicen en un inglés macarrónico: «*Sorry, I don't understand, can you repeat? please*». Pero cuando persiste la falta de comprensión en la conversación suelen adoptar otra estrategia. Ante algo que no entienden continúan la conversión con un enfático «*yes*». Este es un detalle importante, pues desde un punto de vista adaptativo lo racional sería responder «no». Si el hablante no entiende lo que le han dicho, lo adaptativo sería recelar y adoptar una actitud conservadora, pues quizá le estén haciendo una propuesta humillante. Pero sucede lo contrario. El joven responde «*yes*» a un contenido que no entiende. ¿Por qué? Pues porque, siguiendo la teoría de Mercier y Sperber, el razonamiento no busca conocer la realidad, sino proyectar una buena imagen del sujeto en el entorno social. Diciendo «*yes*» el joven se gana el favor de su interlocutor, aunque no haya entendido nada de lo que este le ha dicho. Esta forma de abordar los sesgos, y en particular el sesgo de deseabilidad social, evidencia el enfoque externalista que adquiere la neuroética de Mercier y Sperber.

Así pues, para Mercier y Sperber, como para Greene y Haidt en los desarrollos posteriores de su obra, el estudio del cerebro tiene un carácter externalista. No estudian cómo el cerebro reacciona impulsivamente ante los estímulos externos analizados con neuroimagen o dilemas. Más bien, siguiendo las tesis de la psicología evolucionista desarrollada en los años setenta, defienden que el cerebro está ya diseñado evolutivamente para desarrollar unos comportamientos y evaluaciones que garanticen la super-

[37] Cfr. José Ángel Gascón, «Las motivaciones en la argumentación». En: Cristián Santibáñez (ed.), *Emociones, argumentación y argumentos*. Lima: Palestra, 2020, pp. 61-62.

vivencia del sujeto a nivel social. Este giro externalista de la neuroética es, en mi opinión, una clave fundamental para comprender el desarrollo de esta disciplina en el último cuarto de siglo. Para concluir, deseo contraponer los enfoques internalista y externalista en la obra de dos autores: Lakoff y Haidt.

5. Los enfoques internalista y externalista, frente a frente

El profesor Emilio Martínez Navarro, en un interesante trabajo,[38] presenta cómo el neurolingüísta George Lakoff analiza las diferentes visiones del mundo de conservadores y progresistas estadounidenses. Para ello Lakoff no recurre a encuestas o dilemas, como harían Haidt y Greene, sino que estudia los conceptos más comunes empleados en la vida cotidiana por las personas de ambas ideologías. Es decir, Lakoff no pregunta a la gente qué piensa sobre este tema o el otro, pues estas respuestas estarían ya inducidas por ciertos argumentarios teóricos aprendidos en los medios de comunicación. Lo que hace Lakoff es analizar cómo se expresan los sujetos en su vida cotidiana, sin una intervención directa del investigador. Concretamente, Lakoff analiza desde la neurolingüística los discursos de conservadores y progresistas en mítines. A partir del estudio de esos discursos, el neurolingüísta trata de reconstruir los modelos de pensamiento de esos sujetos y por qué se conecta la opinión sobre unos temas con otros que, aparentemente, poco tienen que ver.

Lakoff defiende que a las mentalidades progresista y conservadora subyacen dos modelos de pensamiento que funcionan de modo inconsciente, el del Padre cuidador (progresista) y el del Padre estricto (conservador). Esos marcos de pensamiento estarían incardinados en el cerebro y se activarían al escuchar ciertos términos que funcionan como metáforas. La clave está en que ambas mentalidades se habrían formado a través de la experiencia vital, en relación con temas como la salud, el amor, la pureza y el trato con otros. Así, la moral estaría configurada en torno a metáforas relativas a «proteger», «saldar una deuda» o la «fortaleza moral». Pero progresistas y conservadores emplearían esas metáforas de forma diversa. Para los progresistas el cuidado es universalista (de ahí la atención a los migrantes, por ejemplo), mientras que para los conservadores el cuidado viene mediado por el mérito (eso explicaría su rechazo a las ayudas sociales).

En todo caso, el estudio de Lakoff mantendría el carácter internalista. El neurolingüísta analiza los discursos expresados por los sujetos para encontrar los modelos inconscientes que subyacen a ellos. Para Martínez Navarro, este método de descubrir los

[38] Cfr. Emilio Martínez Navarro, «La ciencia cognitiva de George Lakoff y la hermenéutica genealógica nietzscheana: más argumentos en torno a la razón impura». En: Nicolás, Juan Antonio, Domingo Moratalla, Agustín y García Marzá, Domingo (eds.). *Hermenéutica crítica y razón práctica. Homenaje a Jesús Conill*. Granada: Comares, 2023, pp. 285-294.

esquemas mentales mediante el estudio del lenguaje cotidiano de los sujetos, en lugar de recurrir a los grandes conceptos desarrollados por los filósofos, representa un paralelo de la «moral vivida» frente a la «moral pensada» de Aranguren. Para Aranguren la «moral vivida» representa el conjunto de convicciones y actitudes morales ante la vida que el sujeto adopta en la vida cotidiana por la convivencia con sus familiares, amigos o vecinos, y que configura su forma de pensar éticamente. En cambio, la «moral pensada» es el conjunto de conceptos y teorías con las que los filósofos se aproximan al fenómeno moral.[39] De este modo, para Lakoff, es la moral vivida, y no la moral pensada, la que configura el modo de pensar de las personas y la que hay que tomar como objeto del análisis para conocer, desde la neurolingüística, cómo piensan políticamente los sujetos.

Pero el punto sobre el que quiero llamar la atención es uno concreto. Lakoff hace un estudio analizando los discursos de políticos progresistas y conservadores. Pues bien, resulta llamativo cómo un estudio similar es realizado también por Haidt y su equipo. Deseo contraponer aquí los resultados de ambos estudios con el objetivo de contrastar su diferente enfoque metodológico. Mientras el enfoque de Lakoff es internalista, Haidt y su equipo extraen resultados similares aplicando un enfoque de tipo externalista.

Lakoff, en *Moral politics*, recoge los términos más comunes en los discursos políticos progresistas y conservadores. Algunos de los términos más empleados por los conservadores son: «disciplina», «dureza», «autonomía», «responsabilidad individual», «autoridad», «competitividad», «trabajo duro», «recompensa», «castigo», «degradación» y «corrupción». Por su parte, los términos más comunes en el discurso progresista son: «responsabilidad social», «libertad de expresión», «ayuda», «atención», «seguridad», «igualdad de derechos», «diversidad» o «bienestar».[40] De estos diferentes vocabularios se deduce, según Lakoff, que el discurso conservador parte de un marco mental del Padre estricto en el que se valora la jerarquía, la obediencia y la disciplina dirigida a fomentar la independencia individual. En cambio, el marco progresista del Padre cuidador valora el amor, el cuidado de los vínculos y la protección de los vulnerables y desfavorecidos, aunque sean culpables de su situación.

Pues bien, Haidt y su equipo hicieron un estudio similar con los sermones de iglesias progresistas y conservadoras, a partir de su teoría de los fundamentos morales. Estos autores encontraron que en las iglesias progresistas predominaba el uso de conceptos relativos al fundamento del cuidado/daño, como «compasión», «empatía», «cuidado», así como al fundamento de la equidad/engaño, como «justicia», «derechos», «igualdad»

[39] Cfr. José Luis L. Aranguren, *Ética*. Barcelona: Revista de Occidente, 1998, p. 16.

[40] Cfr. George Lakoff, *Moral politics. How liberals and conservative think.* Chicago: University of Chicago Press, 2002, pp. 30-31.

o «reciprocidad». Por su parte, en las iglesias conservadoras predominaba el vocabulario propio del fundamento autoridad/subversión, como «obediencia», «deber», «ley» u «orden». También predominaba el vocabulario relativo al fundamento pureza/degradación, como «sagrado», «casto», «íntegro», «depravación».[41]

Se hace evidente así cómo la jerga que Lakoff asocia a las ideologías conservadora y progresista aparece también recogida por Haidt y su equipo, pero aplicando una metodología diferente, en torno a unos fundamentos morales. Por ejemplo, Lakoff asocia los conceptos de «autoridad» y «corrupción» al pensamiento conservador, y estas mismas ideas Haidt y su equipo las integran en el fundamento de autoridad/subversión y en el de pureza/degradación respectivamente. Del mismo modo, los conceptos que Lakoff asocia al pensamiento progresista, como «igualdad», «ayuda» o «diversidad», son similares a la jerga que Haidt y su equipo integran en el fundamento de cuidado/daño, como «cuidado» o «protección», así como dentro del fundamento equidad /engaño: «igualdad», «justicia», «tolerante», «derechos»...

Así pues, podemos concluir cómo unas diferentes metodologías empleadas por Lakoff, por un lado, y por Haidt y su equipo por otro, arrojan resultados similares. Lo que Lakoff, en una investigación realizada en los años noventa, engloba dentro del marco mental conservador, a partir de un análisis internalista, Haidt y su equipo lo descubren desde un enfoque externalista propio de su teoría de los fundamentos morales en la década del año 2000. Se hace patente, con ello, la diferente metodología desarrollada en el marco de la neuroética a lo largo del último cuarto de siglo.

6. Conclusiones

En este artículo se ha hecho un recorrido por la evolución que la neuroética ha tenido en el último cuarto de siglo. Como se ha defendido, esta disciplina toma como base los desarrollos previos de la teoría del procesamiento moral y de la psicología evolucionista a lo largo de los años setenta y ochenta del siglo XX. La neuroética tuvo un desarrollo inicial en un marco metodológico de carácter internalista, por la influencia de la metodología de las nuevas técnicas de neuroimagen en la década de los años noventa. El objetivo entonces era conocer las respuestas cerebrales de los sujetos a diferentes estudios experimentales sobre el juicio moral o sobre la toma de decisiones. Sin embargo, a partir de finales de la primera década del siglo XXI, y a lo largo de la década de 2010 el enfoque adoptado fue claramente externalista. Entonces ya no se analizaba la respuesta de sujetos al entorno, sino las tendencias latentes que llevaban a los sujetos a realizar determinadas conductas o juicios para garantizar su reputación en el entorno social. Ahora el centro del enfoque ya no era el sujeto y sus reacciones a dilemas, sino a las conductas que el

[41] Cfr. Jesse Graham, Jonathan Haidt y Brian A. Nosek, *op. cit.*, pp. 1045-1046.

sujeto tenía incorporadas para garantizar su supervivencia en el entorno social. Es decir, en el enfoque internalista el centro de atención era el sujeto. En cambio, el enfoque externalista toma como punto de referencia al grupo. De ahí que Greene y Haidt en la década de 2010 aborden el fenómeno moral como una adaptación biológica para garantizar la supervivencia del individuo a la vez que mantiene la cohesión del grupo.

En este sentido, el libro *Moral tribes* de Joshua Greene representa una obra clave para comprender la evolución de la neuroética como disciplina académica. En este libro se aprecia cómo Greene transita del enfoque inicial internalista basado en respuestas individuales a dilemas, al enfoque externalista de carácter grupalista al presentar la moralidad como una tendencia a la cooperación grupal y al conflicto entre grupos.

Agradecimientos

Este estudio se inserta en el Proyecto de Investigación Científica y Desarrollo "Ética cordial y Democracia inclusiva en una sociedad tecnologizada" PID2022-139000OB-C21, financiado por MCIU/AEI/10.13039/501100011033/FEDER, UE y en las actividades del grupo de investigación de excelencia PROMETEO CIPROM/2021/072, financiado por la Conselleria d'Innovació, Universitats, Ciència i Societat Digital de la Generalitat Valenciana.

Referencias bibliográficas

ARANGUREN, José Luis L. *Ética*. Barcelona: Revista de Occidente, 1998.

ARISTÓTELES. *Metafísica*. Madrid: Gredos, 2000.

BERKER, Selim. «The Normative Insignificance of Neuroscience». *Philosophy and Public Affairs* [Malden, Massachusetts], vol. 37, 2009, pp. 293–329.

BUSS, David M. «Evolutionary psychology: A new paradigm for psychological science». *Psychological Inquiry* [London], vol. 6, nº 1, 1995, pp. 1-30.

CORTINA, Adela. *Neuroética y neuropolítica. Sugerencias para la educación moral.* Madrid: Tecnos, 2011.

COSMIDES, Leda y TOOBY, John. «Evolutionary psychology: a primer». 13th January 1997. Disponible en: http://www.psychology.sunysb.edu/attachment/courses/620/pdf_files/evol_psych.pdf.

FERNÁNDEZ TAPIA, Ana María. «Aportes del darwinismo a la psicología clínica: el paradigma de la psicología evolucionista». *Terapia psicológica* [Providencia, Chile], vol. 22, nº 1, 2004, pp. 33-42.

FRANKISH, Keith y EVANS, Jonathan St. B. «The duality of mind: an historical perspective». En EVANS, Jonathan St. B. y FRANKISH, Keith (eds.), *In Two Minds: Dual Processes and Beyond.* Oxford: Oxford University Press, 2009, pp. 1-29.

GASCÓN, José Ángel. «Las motivaciones en la argumentación». En SANTIBÁÑEZ, Cristián (ed.), *Emociones, argumentación y argumentos.* Lima: Palestra, 2020, pp. 53-74.

GAWRONSKI, Bertram; SHERMAN, Jeffrey W. y TROPPE, Yaacov. ¿«Two of What? A conceptual analysis of dual-pricess theories». En SHERMAN, Jeffrey W. y GAWRONSKI, Bertram (eds.). *Dual-process theories of the social mind.* New York-London: The Guidford Press, 2014, pp.3-19.

GRAHAM, Jesse; HAIDT, Jonathan y NOSEK, Brian A. «Liberals and conservatives rely on different sets of moral foundations». *Journal of Personality and Social Psychology* [Washington D. C.], 2007, vol. 96, nº 5, pp. 1029-1046.

GREENE, Joshua. «From neural "is" to moral "ought": what are the moral implications of neuroscientific moral psychology?». *Nature Reviews* [London], vol. 4, 2003, pp. 847-850.

GREENE, Joshua. *Moral tribes. Emotion, reason, and the gap between us and them.* London: Atlantic Books, 2013.

GREENE, Joshua. «La broma secreta del alma de Kant». *Revista de Humanidades de Valparaíso* [Valparaíso, Chile], nº 20, 2022, pp. 183-229.

GREENE, Joshua; SOMMERVILLE, R. Brian; NYSTROM, Leigh E.; DARLEY, John M. y COHEN, Jonathan D. «An fMRI Investigation of Emotional Engagement in Moral Judgment». *Science* [Washington D. C.], vol. 293, 2001, pp. 2105-2108.

HAIDT, Jonathan. «The emotional dog and its rational tail: A social intuitionist approach to moral judgment». *Psychology Review* [Washington D. C.], vol. 108/4, 2001, pp. 998-1002.

HAIDT, Jonathan. *La mente de los justos. Por qué la política y la religión dividen a la gente sensata.* Barcelona: Deusto, 2019.

HAIDT, Jonathan; KOLLER, Silvia Helena y DIAS, Maria G. «Affect, culture and morality, or is it wrong toe at your dog?», *Journal of Personality and Social Psychology* [Washington D. C.], vol. 65, 1993, pp. 613-628.

JAMES TRAPERO, Ariel. «The moral continuum: Congruence, consistency, and continuity of moral cognition». *Theory & Psychology*, vol. 27, nº 5, 2017, pp. 643-662.

KAHANE, Guy. «Intuitive and counterintuitive morality». En D'ARMS, Justin y JACOBSON, Daniel (eds.). *Moral psychology and Human Agency: Philosophical Essays on the Science of Ethics.* Oxford University Press, Oxford, 2014, pp. 9-39.

KAHNEMAN, Daniel. *Pensar rápido, pensar despacio.* Barcelona: Debate, 2012.

LAKOFF, George. *Moral politics. How liberals and conservative think.* Chicago: University of Chicago Press, 2002.

LIBET, Benjamin. «Do we have free will?». *Journal of Consciousness Studies* [Thorverton, Exeter], vol. 6, nº 8, 1999, pp. 47-57.

MARTÍNEZ NAVARRO, Emilio. «La ciencia cognitiva de George Lakoff y la hermenéutica genealógica nietzscheana: más argumentos en torno a la razón impura». En NICOLÁS, Juan Antonio, DOMINGO MORATALLA, Agustín y GARCÍA MARZÁ, Domingo (eds.). *Hermenéutica crítica y razón práctica. Homenaje a Jesús Conill.* Granada: Comares, 2023, pp. 285-294.

MERCIER, Hugo y SPERBER, Dan. «Why do humans reason? Arguments for an argumentative theory?». *Behavioural and brain sciences* [Cambridge], vol. 34, 2011, pp. 57-111.

MERCIER, Hugo y SPERBER, Dan. *The enigma of reason. A new theory of human understanding.* London: Penguin Books, 2017.

Pérez ZAFRILLA, Pedro Jesús. «Implicaciones normativas de la psicología moral: Jonathan Haidt y el desconcierto moral». Daimon. Revista internacional de filosofía [Murcia], nº 59, 2013, pp. 9-25.

Pérez ZAFRILLA, Pedro Jesús. «The dual process model of moral judgement. A divided mind or a myopic methodology?». *Pensamiento* [Madrid], vol. 77, nº 295, 2021, pp. 511-521.

Pérez ZAFRILLA, Pedro Jesús. «The Emotional Dog Was a Glauconian Canine: The Reception of the Social Intuitionist Model, From the Neurocentric Paradigm to the Digital Paradigm». *Revista de Humanidades de Valparaíso* [Valparaíso, Chile], nº 19, 2022, pp. 63-83.

ROSKIES, Adina L. «Neuroethics for a new millenium». *Neuron* [Cambridge, Massachusetts], vol. 35, nº 1, 2002, pp. 21-23.

TRIVERS, Robert. «The evolution of reciprocal altruism». *The Quarterly Review of Biology* [Chicago], vol. 46, nº 1, 1971, pp. 35-47.

Pedro Jesús PÉREZ ZAFRILLA

JOSHUA GREENE Y LA TERRIBLE, HORRIBLE, NADA BUENA, MUY MALA VERDAD SOBRE LO QUE REALMENTE IMPORTA

Roberto PARRA DORANTES

Universidad del Caribe (México)
rdparra@ucaribe.edu.mx
ORCID: 0000-0003-2593-9842
DOI: 10.60940/comprendrev27n1id432847

Article rebut: 24/07/2023
Article acceptat: 05/02/2024

Resumen

Este artículo examina y critica algunos aspectos metaéticos del proyecto de Joshua Greene en su libro *Moral Tribes*. Se confrontan las posturas de Greene en dos momentos de su obra: en *Moral Tribes* y en su tesis doctoral de 2002, y se argumenta que la propuesta de *Moral Tribes*, aunque es valiosa, está afectada por ciertos defectos, como una circularidad conceptual y una cercanía al realismo moral que es incompatible con el propio agnosticismo de Greene acerca de la existencia de la verdad moral. Este artículo sugiere que retomar ciertos aspectos metaéticos y de psicología moral de su tesis podría mejorar el proyecto general de Greene.

Palabras clave: realismo moral, valor intrínseco, metamoralidad, psicología moral

Joshua Greene and the terrible, horrible, no good, very bad truth about what really matters

Abstract

This article examines and criticizes certain metaethical aspects of Joshua Greene's project in his book, *Moral Tribes*. It confronts Greene's positions at two points in his work: in *Moral Tribes* and in his 2002 doctoral dissertation, and argues that, although the proposal of *Moral Tribes* is valuable, it is affected by certain flaws, such as conceptual circularity and a closeness to moral realism which is incompatible with Greene's own agnosticism about the existence of moral truth. This article suggests that revisiting certain metaethical aspects and moral psychology from his thesis could improve Greene's overall project.

Key words: moral realism, intrinsic value, metamorality, moral psychology

1. Introducción

En su libro *Moral Tribes*, Joshua Greene se propone ofrecer una solución a un problema denominado por él como la «tragedia de la moralidad del sentido común», el cual describe como «la tragedia central de la vida moderna, la tragedia que es más profunda que los problemas morales que nos dividen»,[1] consistente en la grave dificultad que reina en el mundo moderno para resolver los conflictos entre grupos humanos originados por desacuerdos morales y vivir en paz. En esta introducción presentaré un resumen de la forma en que él reconstruye este problema y de la solución que propone al mismo. En las secciones siguientes haré una evaluación crítica del proyecto de Greene y presentaré algunas sugerencias para mejorarlo, especialmente a la luz de una comparación y contrastación con elementos de su propia postura acerca de temas metaéticos y de psicología moral presentadas en su tesis doctoral de 2002.[2] Dado que buena parte de lo que me propongo decir en las últimas secciones de este trabajo depende de un análisis cercano y una comparación detallada entre las dos perspectivas de Greene en estos dos momentos distintos, será conveniente en las primeras dos secciones citar textualmente ambas fuentes de forma frecuente y relativamente extensa, por lo cual solicito la paciencia del lector. Joshua Greene es un autor importante en la reflexión ética filosófica contemporánea, y desafortunadamente su obra no se encuentra aún traducida al castellano; esto constituye una razón adicional por la que podría convenir citarlo aquí con frecuencia.

En las últimas dos secciones argumentaré, en primer lugar, que la interesante y valiosa propuesta de Greene se encuentra afectada por ciertos defectos, incluyendo cierto tipo de circularidad conceptual; en segundo, que, a pesar de que Greene se presenta en su libro como agnóstico acerca de la verdad moral, en ciertos momentos él parece estar muy cerca de ser un realista moral; y, por último, que introducir ciertas modificaciones en su proyecto de *Moral Tribes*, retomando algunos de los elementos metaéticos y de psicología moral de su tesis doctoral, serviría para mejorarlo considerablemente.

Según Joshua Greene, los mecanismos psicológicos morales que han surgido a través de la historia de la evolución humana han servido para facilitar la cooperación humana al interior de una sociedad, de forma que en caso de conflicto el individuo no siempre anteponga sus intereses personales por encima de los de otros miembros de su grupo. Sin embargo, estos mismos mecanismos han tenido como consecuencia secundaria indeseable el surgimiento y la prevalencia frecuente de desacuerdos y conflictos inter-

[1] Joshua Greene, *Moral Tribes: Emotion, Reason and the Gap Between Us and Them.* Nueva York: Penguin, 2013, p. 5.

[2] Cfr. Joshua David Greene, *The Terrible, Horrible, No Good, Very Bad Truth About Morality and What to Do About It.* [Tesis doctoral. Princeton University, 2002]. Como puede adivinarse, el título del presente trabajo fue inspirado por el de esta tesis doctoral, que a su vez está inspirado en el del libro infantil *Alexander and the Terrible, Horrible, No Good, Very Bad Day*, escrito por Judith Viorst en 1972.

grupales basados en diferentes concepciones del mundo con valores morales en competencia —es decir, la «tragedia de la moralidad del sentido común»—, debido a que los mismos individuos están predispuestos a anteponer los intereses de su propio grupo por encima de los intereses del colectivo formado por todos los grupos humanos. De acuerdo con Greene,

> biológicamente hablando, los humanos han sido diseñados para la cooperación, *pero solamente con ciertas personas*. Nuestros cerebros morales evolucionaron para la cooperación *dentro de grupos*, y tal vez solamente en el contexto de relaciones personales. Nuestros cerebros morales no evolucionaron para la cooperación *entre grupos*.[3]

En el mundo globalizado actual, esta tensión entre visiones morales del mundo en competencia a menudo se encuentra a la base de graves problemas mundiales que son resultado de la falta de cooperación entre grupos humanos (como los conflictos armados, el terrorismo, el uso de armas de destrucción masiva, la pobreza extrema, el calentamiento global y la degradación ambiental) y por ello amenaza no solamente la coexistencia pacífica de los diferentes pueblos sino posiblemente la supervivencia misma de la especie. Para intentar resolver esta situación, Greene propone la búsqueda de una «metamoralidad» que sirva para resolver desacuerdos y conflictos entre moralidades rivales a través de negociaciones o compensaciones (*trade-offs*) que utilicen un común denominador de valores básicos compartidos.[4] Resulta algo extraña su elección del término «metamoralidad», poco frecuente en la literatura filosófica contemporánea, y no siempre queda muy claro a qué se refiere exactamente con esta palabra. Sin embargo, él caracteriza su concepto de metamoralidad como

> algo parecido a la moralidad pero un nivel más arriba [...], un tipo de pensamiento que permite que grupos con *moralidades en conflicto* convivan y prosperen. En otras palabras, [...] un sistema moral que puede resolver desacuerdos entre grupos con ideales morales diferentes, justo como la moralidad ordinaria de primer orden resuelve desacuerdos entre individuos con intereses egoístas diferentes.[5]

Algunas citas cortas de su trabajo nos ayudan a terminar de delinear lo que entiende por «metamoralidad»: el trabajo de una metamoralidad, nos dice antes, es «efectuar negociaciones o compensaciones (*trade-offs*) entre valores morales en competencia, y estas negociaciones requieren una moneda de cambio común (*a common currency*), un

---

[3] Joshua Greene, *Moral Tribes*, *op. cit.*, p. 23.

[4] Cfr. *Ibid.*, p. 15.

[5] *Ibid.*, p. 26.

sistema unificado para sopesar valores».[6] Y también: «lo que nos hace falta, creo, es una filosofía moral global coherente que pueda resolver desacuerdos entre tribus morales en competencia».[7]

Antes de proseguir, una aclaración importante acerca de la postura de Greene en *Moral Tribes* es que él no pretende que su intento de solución refleje en algún sentido la verdad moral o hechos morales, debido al hecho de que él «permanece agnóstico» acerca de si la verdad moral existe o no.[8] Nos relata: «Hubo un tiempo en el que yo pensaba que esta era *la* pregunta, pero desde entonces he cambiado de opinión. Lo que realmente importa es si tenemos o no acceso directo, confiable y no circular a la verdad moral, y no si la verdad moral existe o no».[9] Para esta última pregunta, Greene argumenta que la respuesta es negativa. Él agrupa bajo tres modelos las aproximaciones que llama «metafísicamente ambiciosas», y que de acuerdo con él podrían parecer prometedoras para encontrar una verdad moral «que nos diga cómo verdaderamente deberíamos vivir, cuáles derechos y obligaciones verdaderamente tenemos»: el modelo religioso, el modelo matemático y el modelo científico.[10] Tras un examen en el cual se encarga de resaltar las debilidades de cada uno de estos tres modelos, concluye que es «improbable que cualquiera de estos nos dé lo que necesitamos», es decir, acceso confiable, directo y no circular a la verdad moral.[11] Al resignarnos a trabajar con el «pantano» (*morass*) constituido por los valores morales humanos en competencia, dice Greene, no tenemos más opción que «conformarnos con una metamoralidad más modesta, un sistema intertribal que funcione para nosotros, independientemente de que sea o no la verdad moral».[12] Por ello propone «capitalizar en los valores que compartimos y buscar nuestra moneda de cambio común ahí».[13]

Greene cree encontrar la metamoralidad que puede resolver la tragedia de la moralidad del sentido común en el utilitarismo, y la moneda de cambio común para los valores humanos en la felicidad. Dice:

> El utilitarismo combina dos ideas razonables y universalmente accesibles. Podemos pensar en estas ideas como respuestas a dos preguntas: ¿Qué importa realmente? ¿Quién importa realmente? [...] Lo que importa en un sentido último [de acuerdo con el utilitarismo] es

[6] *Ibid.*, p. 15.

[7] *Ibid.*, p. 14.

[8] Cfr. *Ibid.*, p. 188.

[9] *Id.*

[10] *Ibid.*, p. 177.

[11] *Ibid.*, p. 178.

[12] *Id.*

[13] *Ibid.*, p. 189.

> la calidad de la experiencia. [...] El segundo ingrediente del utilitarismo es la imparcialidad. [...] La felicidad es lo que importa, y la felicidad de todos importa por igual.[14]

> Es plausible que la bondad y maldad de todo pueda ser en última instancia traducida en términos de la calidad de la experiencia de las personas. Desde esta perspectiva, existe una diversidad de valores, pero [...] todos ellos son valiosos debido a, y solamente a, sus efectos en nuestra experiencia. [...] No creo que la felicidad sea el único verdadero valor. Más bien, lo que hace a la felicidad especial [...] es que la felicidad es la *moneda de cambio común* de los valores humanos.[15]

En su opinión, el utilitarismo (renombrado por él como *pragmatismo profundo*) es el mejor candidato para ser la metamoralidad que él busca, debido a que combina la imparcialidad de la Regla de Oro con la moneda de cambio común de la experiencia humana, la felicidad; esto produce, nos dice, «un sistema moral que puede reconocer negociaciones morales y adjudicar entre ellas, y hacerlo de una manera que tenga sentido para miembros de todas las tribus».[16] Los utilitaristas clásicos Bentham y Mill, nos dice, dieron con la estrategia correcta al poner a un lado sus configuraciones automáticas inflexibles (es decir, las emociones morales) y preguntarse más bien *qué es lo que realmente importa* y *cuál es la esencia de la moralidad.*

> [Bentham y Mill] concluyeron que la *experiencia* es lo que importa de manera fundamental, y que la *imparcialidad* es la esencia de la moralidad. Combinando estas dos ideas en modo manual obtenemos el utilitarismo: deberíamos maximizar la cualidad de nuestra experiencia, otorgando igual peso a la experiencia de cada persona. De este modo, los utilitaristas originarios tomaron la famosamente ambigua Regla de Oro —que captura la idea de la imparcialidad—y le dieron dientes al ensamblarla con una moneda de cambio moral universal, la moneda de la experiencia.[17]

La propuesta metaética de Greene en *Moral Tribes* difiere de forma interesante de la postura que él mismo había desarrollado en su tesis doctoral en 2002, a pesar de que en espíritu comparte mucho con ella. En la siguiente sección se analizarán algunos elementos de dicha tesis que tienen relación con lo que se ha expuesto hasta aquí.

2. El ataque al realismo moral en la tesis doctoral de Greene

El objetivo de Greene en su tesis doctoral era defender un revisionismo de acuerdo con el cual deberíamos eliminar de nuestro vocabulario todo lenguaje moral (palabras

---

[14] *Ibid.*, p. 170.

[15] *Ibid.*, pp. 160-161.

[16] *Ibid.*, p. 171.

[17] *Ibid.*, p. 173.

como «correcto», «incorrecto», «derechos», «obligaciones») en contextos donde el uso de estos términos presuponga la verdad del realismo moral —es decir, la postura metaética de acuerdo con la cual existen hechos que conforman una realidad moral objetiva y que en principio pueden servir como base para determinar que algunas afirmaciones morales son verdaderas y otras son falsas.[18] Tal revisionismo conduciría, según Greene, no solamente a que nuestro lenguaje refleje acertadamente la naturaleza de la moralidad, sino también a que «el mundo se convierta en un lugar más feliz y compasivo» gracias a la gran cantidad de desacuerdos morales que eliminaría.[19]

En el capítulo segundo de dicha tesis, Greene monta un ataque directo al realismo moral, y lo desarrolla en términos de una *teoría del error moral* que claramente toma elementos de la postura de John L. Mackie.[20] El escepticismo moral ahí desarrollado por Greene mantiene que el problema metafísico que representa la pregunta sobre qué hace que tal o cual afirmación moral de primer orden —como, por ejemplo, que mentir es malo— sea verdadera carece de solución, debido a que las afirmaciones morales no vacuas de primer orden, como afirmar que mentir es malo, son siempre falsas.

Greene aclara que su escepticismo moral es de carácter metafísico y no meramente epistemológico, debido a que la cuestión clave que en su opinión pone en graves aprietos al realismo moral no es tanto la pregunta sobre *cómo saber* si una afirmación moral es verdadera o no, sino más bien la pregunta sobre *qué podría hacer* que una afirmación moral fuese verdadera en primer lugar.[21] Resumiendo el argumento de Greene, el realismo moral requiere que al menos algunas afirmaciones morales sean verdaderas, y para que alguna afirmación moral fuese verdadera, tendrían que cumplirse una serie de exigencias.[22] En primer lugar, la verdad de la afirmación tendría que ser *necesaria* y no contingente, debido a que parece claro que las propiedades morales supervienen en propiedades no morales de nivel inferior, es decir, parece inconcebible que dos objetos con exactamente todas las mismas propiedades no morales tuviesen propiedades morales diferentes.[23] Sin embargo, una verdad necesaria que fuese tautológica (por ejemplo, el que una acción completamente mala no puede ser completamente buena) no podría jamás funcionar como guía práctica, debido a que, como Moore lo mostró, una tautología no puede enlazar directamente una propiedad moral, o en general una propiedad

[18] Cfr. Joshua David Greene, *The Terrible, Horrible, No Good, Very Bad Truth About Morality and What to Do About It*, *op. cit.*, pp. 46-47.

[19] *Id.*

[20] Cfr. John L. Mackie, *Ethics: Inventing Right and Wrong*. Harmondsworth: Penguin, 1977.

[21] Cfr. Joshua David Greene, *The Terrible, Horrible, No Good, Very Bad Truth About Morality and What to Do About It*, *op. cit.*, p. 58.

[22] Cfr. *Ibid.*, p. 75.

[23] Cfr. *Id.*

evaluativa, con una propiedad que sea *valorativamente neutral.*[24] En segundo lugar, la afirmación moral tendría que derivarse de, o bien ser ella misma, un principio moral fundamental —es decir, no derivado a su vez de otros principios morales— que conecte una propiedad evaluativa (como, por ejemplo, ser bueno, o ser correcto) con una propiedad que sea valorativamente neutral (como, por ejemplo, ser placentero, o ser ordenado por alguna deidad, o ser lo que un agente racional ideal desearía tras reflexionar). Entonces, para que alguna afirmación moral sea verdadera se necesita que exista al menos un principio moral fundamental que sea verdadero, y lo sea de forma necesaria, pero para cuya fundamentación fuera imposible apelar a la verdad de algún otro principio moral (ya que hacer eso volvería la justificación circular).[25] Dice Greene: «Estamos forzados a concluir que si el realismo moral es verdadero, al menos algún principio moral debe ser verdadero a pesar del hecho de que *no exista explicación alguna para aquello que lo vuelve verdadero*. Debe ser verdadero de forma *bruta*».[26] Y también: «Los principios morales fundamentales deben conectar propiedades valorativamente neutrales con propiedades morales, y tales principios deben ser plausibles como principios para los cuales no habrá explicación ulterior alguna».[27]

De acuerdo con lo anterior, los principios morales fundamentales requeridos para que el realismo moral fuese verdadero tendrían que ser verdades necesarias mas no tautológicas, y deberían ser plausibles sin que pueda existir para ellos explicación alguna. Greene emplea la siguiente analogía para mostrar por qué esto es insatisfactorio:[28] alguien dice que Giulio es un cantante talentoso. Al preguntársele qué es lo que lo hace ser un cantante talentoso responde: «Nada, simplemente lo es.» Y se le dice: «Pero seguramente debe haber algo acerca de la forma en que canta que lo convierte en un cantante talentoso, ¿tal vez su habilidad para proyectar la voz, o para alcanzar cierto rango de notas?» Y responde: «Nada de eso. Simplemente es un cantante talentoso».[29] De acuerdo con Greene, sería un sinsentido pensar desde esta perspectiva que no puede existir nada en absoluto que conecte explicativamente a las propiedades morales con las propiedades valorativamente neutrales, pero al mismo tiempo piensa haber mostrado que eso es exactamente lo que el realismo moral requiere afirmar.

Este argumento de Greene puede verse como una reformulación del célebre argumento de Mackie conocido como el argumento de la *extrañeza.*[30] De acuerdo con

---

[24] Cfr. *Ibid.* p. 79; Cfr. George Edward MOORE, *Principia Ethica.* London: Cambridge University Press, 1903.

[25] Cfr. *Ibid.*, p. 83.

[26] *Id.*

[27] *Ibid.*, p. 114.

[28] Cfr. *Ibid.*, pp. 71-72.

[29] *Id.*

[30] Cfr. John L. MACKIE, *op. cit.*, p. 38 y ss.

Mackie, sería metafísicamente extraño que ciertos hechos objetivos del mundo tuviesen entre sus propiedades la de ser prescriptivos, de demandar ciertas acciones categóricamente, con independencia de las motivaciones subjetivas y contingentes de los agentes. Una forma de sacar a la luz esta extrañeza, apunta Mackie, es preguntarse,

> acerca de cualquier cosa que supuestamente tenga cierta cualidad moral objetiva, cómo esta se conecta con sus propiedades naturales. [...] No puede tratarse de una implicación, una necesidad lógica o semántica. Y sin embargo tampoco es meramente que ambas cualidades se den al mismo tiempo. [La cualidad moral] debe ser en cierta forma 'consecuente' o 'superviniente'. [...] Ni siquiera es suficiente postular una facultad que 'vea' la [cualidad moral]: debe postularse algo que pueda ver al mismo tiempo las características naturales que constituyen la [cualidad moral] y [la cualidad moral misma]. Alternativamente, la intuición requerida podría ser la percepción de que dicha [cualidad moral] es una propiedad de orden superior que pertenece a ciertas propiedades naturales; pero, ¿en qué consiste este pertenecer de ciertas propiedades a otras propiedades, y cómo podríamos discernirlo?[31]

Bajo estas condiciones, Greene piensa resulta muy poco prometedor que cualquier principio moral fundamental como los que necesita el realismo moral pueda ser verdadero, y sin embargo Greene analiza las posibilidades restantes: que tal principio moral fundamental sea general o específico, directo o indirecto, analítico y naturalista, analítico y no naturalista, y sintético.[32] Greene procede a arrojar dudas y objeciones acerca de cada una de estas posibilidades, a manera de un complejo *modus tollens*, y concluye: «hemos eliminado cada uno de los posibles tipos de principios morales fundamentales necesariamente verdaderos, dejándonos con la sorprendente conclusión de que no existen principios morales verdaderos y que el realismo moral es falso».[33] El problema con el realismo moral, dice, no es simplemente que nos deje con preguntas sin respuesta, sino más bien que «inevitablemente nos dejará con preguntas *imposibles de responder* que al mismo tiempo parecen ser preguntas que *deberían* tener respuesta».[34]

No obstante, al final de su crítica al realismo moral, Greene admite que su argumento «no está completamente libre de tener cabos sueltos» y que en diferentes momentos «depende de audaces afirmaciones generales acerca de lo que parece ser "razonable", "plausible", "misterioso", etc.».[35] Sin embargo, dice,

[31] *Ibid.*, p. 41.

[32] Cfr. Joshua David Greene, *The Terrible, Horrible, No Good, Very Bad Truth About Morality and What to Do About It, op. cit.*, pp. 88 y ss.

[33] *Ibid.*, p. 140.

[34] *Ibid.*, p. 128.

[35] *Ibid.*, p. 140.

> si bien muchas de estas afirmaciones son debatibles, no creo que cualquiera de ellas sea descabellada o incluso terriblemente extrema. [...] Y sin embargo, cuando se colocan juntas, uno se queda con la conclusión algo extrema de que el realismo moral es falso y que no existe una realidad acerca de lo que es correcto y lo que es incorrecto.[36]

> He intentado poner [los problemas del realismo moral] en el foco, pero estos esfuerzos, imagino, no convencerán a muchos de mis lectores. [...] Mi esperanza es que incluso aquellos lectores que permanezcan no convencidos por estos argumentos al menos reconocerán que el escepticismo moral es una respuesta razonable a un acertijo metafísico desafiante, y una posición cuyas consecuencias vale la pena explorar.[37]

En suma, ¿cuáles son las principales diferencias entre el Greene de este trabajo doctoral y el, por así llamarle, segundo Greene de *Moral Tribes*? Como mencioné antes, ambas propuestas comparten mucho en espíritu, aunque tienen importantes diferencias. En primer lugar, el Greene de *Moral Tribes* ha dejado atrás la insistencia de que el realismo moral es falso, reconociendo que, aunque hubo un tiempo en el que pensó que esa era «*la* pregunta», ahora considera que la cuestión fundamental no es si existe la verdad moral o no, sino más bien si tenemos un *acceso claro y confiable a ella*, pregunta para la cual su respuesta sigue siendo claramente «no».

Greene, de manera relacionada, en su tesis abogaba por el abandono del lenguaje (realista) moral, alegando que ello conduciría a un mundo más compasivo y feliz. Ahora en vez de invitar a que se hable o deje de hablar de cierto modo, pide más bien tomar en consideración que, si tenemos el fin de resolver determinado tipo de conflictos y diferencias basadas en desacuerdos morales, conviene más pensar de ciertas maneras específicas acerca de los asuntos morales, independientemente de si existen hechos y verdades morales o no.

Concretamente, como se mencionó antes, él dice sostener ahora un agnosticismo acerca de la verdad moral y los valores absolutos. Mas su invitación, tomada al pie de la letra, no trata esencialmente acerca de adoptar una postura metaética o metafísica acerca de los valores y los hechos morales, sino más bien acerca de encontrar la mejor manera para llegar a negociaciones o compensaciones entre moralidades rivales que efectivamente faciliten la convivencia pacífica entre grupos sociales. Lo que busca primordialmente en *Moral Tribes*, después de todo, es encontrar una solución práctica para un problema práctico, la así llamada por él «tragedia de la moralidad del sentido común». La solución que cree encontrar, recordemos, es el utilitarismo, el cual recoge los dos elementos de la moralidad que, según él, parecen ser universalmente accesibles para miembros de todas las tribus: el valorar fundamentalmente la felicidad o la calidad

[36] *Id.*

[37] *Ibid.*, p. 141.

de la experiencia (esta es su respuesta a la pregunta sobre qué es lo que realmente importa) y la imparcialidad (esta es su respuesta a la pregunta sobre cuál es la esencia de la moralidad). De modo que las diferencias entre su tesis doctoral y su libro pueden verse como dos intentos por alcanzar el mismo objetivo práctico desde dos perspectivas teóricas con ciertas diferencias.

3. Algunos problemas de la propuesta de Greene

Contamos ahora con todas las piezas puestas en su lugar para hacer una evaluación de la propuesta metaética de Greene en *Moral Tribes* y una comparación de la misma con la postura anterior de su tesis doctoral. Greene nos invita a su búsqueda de una metamoralidad que sea efectiva para resolver conflictos y desacuerdos adecuadamente —que «funcione», sin que ello implique que se trate de la metamoralidad verdadera o que corresponda con supuestos hechos morales. Hay una posible crítica que el mismo Greene alcanza a prever acerca de este punto, y para la cual tiene preparada una respuesta:

> ¿Qué queremos decir con «funciona»? ¿Cómo saber que una metamoralidad funciona sin aplicar algún tipo de estándar evaluativo? ¿Y cómo podemos aplicar dicho estándar sin asumir algún tipo de verdad moral, o al menos, una metamoralidad? Discutiremos este problema con mayor detalle más adelante, pero por ahora la respuesta corta es: una metamoralidad «funciona» si estamos generalmente satisfechos con ella. Y una metamoralidad funciona mejor que otra si, en general, estamos más satisfechos con ella. [...] Diferentes personas pueden estar satisfechas con una metamoralidad por diferentes razones. La satisfacción general con un sistema moral no presupone un acuerdo en primeros principios morales.[38]

Greene dice que esta es la respuesta corta y que posteriormente discutirá este asunto con mayor detalle. Cumple su promesa al explicar que, para él, el utilitarismo refleja los dos elementos de la moralidad (la calidad de la experiencia y la imparcialidad) que son razonables y universalmente accesibles para miembros de cualquier tribu moral;[39] que a pesar de que la existencia de todo un pantano (*morass*) de valores humanos distintos en competencia, el utilitarismo trata acerca de *valores centrales* [*core values*],[40] y es plausible que toda bondad o maldad sea traducible en términos de calidad de la experiencia humana o felicidad, lo cual convierte a esta en la moneda de cambio común para todos los valores humanos.[41] En otras palabras, Greene piensa que para aceptar su

[38] Joshua Greene, *Moral Tribes*, *op. cit.*, pp. 370-371, nota a la página 178.

[39] Cfr. *Ibid.*, p. 170.

[40] Cfr. *Ibid.*, p. 153.

[41] Cfr. *Ibid.*, p. 161.

oferta de seleccionar una metamoralidad que «funcione» no necesitamos llegar *de novo* a un estándar evaluativo para realizar dicha selección, sino que más bien nuestra propia satisfacción general (y la de los demás), basada presumiblemente en los estándares evaluativos que de hecho ya aceptamos, nos indicará cuál o cuáles son las metamoralidades que funcionan o no y en qué grado lo hacen.

Intentaré mostrar a continuación por qué esta respuesta no es adecuada, y por qué la crítica que Greene entrevió es más dañina para su argumento general que lo que él piensa.

3.1. Circularidad conceptual

En su reseña del libro *Moral Tribes*, Simon Rosenqvist detecta que no es claro por qué Greene cree que deberíamos proponernos resolver el problema de la llamada «tragedia de la moralidad del sentido común» en primer lugar.

> Si el utilitarismo es la teoría moral verdadera, entonces deberíamos tal vez evitar [la Tragedia] para producir más felicidad. Pero Greene mismo se declara «agnóstico» acerca de la existencia de la verdad moral. [...] Si no es verdad que la Tragedia de la moralidad del sentido común es mala, entonces, ¿para qué evitarla?[42]

A esto Greene podría responder con algunos de los pasajes de su libro que ya han sido citados anteriormente: que no necesitamos creer que la metamoralidad que seleccionaremos para intentar prevenir la tragedia es la verdadera, sino simplemente que es la que funciona para nosotros, en el sentido de que nos sentimos generalmente satisfechos con ella, y que, dado que diferentes personas pueden estar satisfechas generalmente con una misma metamoralidad por diferentes razones, la satisfacción general compartida con una metamoralidad no presupone un acuerdo en primeros principios. Los autores Steven R. Kraaijeveld y Hanno Sauer le dan en esto la razón a Greene, y opinan que esta objeción levantada por Rosenqvist no logra socavar los argumentos de Greene, debido a que Greene no necesita fundamentar la deseabilidad de evitar la tragedia de la moralidad del sentido común en el criterio de verdad moral. Puede usar otro, como apelar a su valor en términos de la cooperación humana que se alcanzaría, especialmente en vista de que Greene define previamente la moralidad como una serie de adaptaciones psicológicas evolutivas que facilitan la cooperación entre humanos. Ellos afirman:

[42] Simon Rosenqvist, «Review of Joshua Greene's *Moral Tribes: Emotion Reason and the Gap between Us and Them*». *Journal of Moral Philosophy* [Nueva York], 14/2, p. 226.

> Uno puede valorar la cooperación sin comprometerse con una postura metafísica acerca de la verdad moral. [Se puede justificar esta valoración] en términos del desarrollo de la especie humana; uno puede argumentar que la cooperación en última instancia facilita el progreso tecnológico, mientras que el conflicto causa estancamiento en el desarrollo.[43]

Si bien es cierto que Greene puede tomar ese paso, como en mi opinión, de hecho, lo hace, ello solamente delata un defecto más profundo en la propuesta de Greene, el defecto de la circularidad. Recuérdese cómo él plantea la llamada «tragedia de la moralidad del sentido común» como «la tragedia central de la vida moderna», un problema que, dice, está frecuentemente a la raíz de muchos otros problemas mundiales, como la violencia, los conflictos armados, el terrorismo, la pobreza extrema, la injusticia sistemática, la degradación del medio ambiente y la proliferación de armas de destrucción masiva, y por ello requiere de nuestra urgente atención, especialmente en vista de que de ello podría depender la convivencia pacífica entre sociedades en el futuro e incluso tal vez la supervivencia de la especie humana. Propone entonces que dejemos de lado nuestras moralidades tribales cuando ellas sean la causa de conflictos recalcitrantes y adoptemos una metamoralidad que nos facilite llegar a acuerdos sobre temas morales. La metamoralidad que nos propone es la del utilitarismo, que tiene como base el principio de que lo que realmente importa es la felicidad de cada persona. En resumen, la razón por la que la llamada «tragedia de la moralidad del sentido común» es para él el problema central de la humanidad actualmente es por el hecho de que es uno de los mayores obstáculos —si no es que el mayor— para la felicidad humana, debido a la gran cantidad de sufrimiento que puede producir; y la solución a este problema es adoptar una metamoralidad basada en la idea de que lo que «realmente importa» es la felicidad. A la pregunta de Rosenqvist sobre por qué deberíamos intentar evitar dicha tragedia, Greene respondería que debemos hacerlo porque la felicidad humana importa, e importa «intrínsecamente».[44] Greene dice al respecto:

> Todos conscientemente apoyamos la idea de que la felicidad es intrínsecamente valiosa. [...] La felicidad —la tuya y la de otros— puede no ser la única cosa que valores intrínsecamente, como un fin en sí misma, pero es ciertamente una de las cosas primarias que valoras intrínsecamente. [...] Todo el mundo *entiende* que la felicidad importa, y todo el mundo puede, con un poco de reflexión, ver que la felicidad yace debajo de muchas de las otras cosas que valoramos, si no es que de todas ellas.[45]

[43] Steven R. Kraaijeveld y Hanno Sauer, «Metamorality without Moral Truth». *Neuroethics* [Dordrecht], 12/2, 2018, p. 126.

[44] Joshua Greene, *Moral Tribes*, *op. cit.*, p. 203.

[45] *Id.*

De esta forma, queda claro que detrás de la afirmación que Greene hace en numerosas ocasiones (al menos siete) a lo largo de su libro de que la felicidad «es lo que realmente importa» está su creencia de que la felicidad es por excelencia aquello que posee valor intrínseco —esto es justo lo que él llamará después «una idea espléndida»—, y queda claro también que esa es la razón por la que considera que la tragedia de la moralidad del sentido común es el problema fundamental de la humanidad actualmente, es decir, por el hecho de que los conflictos y disputas constantes que surgen a partir de nuestros desacuerdos sobre temas morales podrían ser el más grave obstáculo para la felicidad humana. El problema no está trazado en términos de qué hacer en general con respecto a los desacuerdos morales o cómo resolverlos; más bien está planteado en términos de cómo evitar el sufrimiento que estos desacuerdos provocan para con ello promover mejor la felicidad. Con este punto de partida, no es de sorprender que él después proponga como solución para dicho problema una metamoralidad que le otorga el lugar de honor a la felicidad humana como aquello que importa por encima de cualquier otra cosa y como fuente de la cual todas las demás otras cosas que son valiosas toman su valor. Acerca de la cooperación misma, por ejemplo, Greene utiliza el experimento mental del Borg (tomado de la serie *Star Trek*) para mostrar que «es implausible que la cooperación sea el bien moral último [*ultimate moral good*]», pero justo después nos dice: «uno puede pensar que la cooperación es valiosa no como fin en sí misma, sino por los beneficios que produce y, en sentido último, por la felicidad y el alivio del sufrimiento que la cooperación conlleva. Ahora, *eso* suena como una idea espléndida».[46]

Lo que vuelve circular a la propuesta de Greene es, entonces, el hecho de que conceptualizar como él lo hace el problema práctico que él desea resolver, la tragedia de la moralidad del sentido común, presupone ya que la metamoralidad del utilitarismo es la clave para resolverlo.

3.2. ¿Un realismo moral encubierto?

Ahora bien, la circularidad no es el único problema que podemos encontrar en Greene si continuamos con esta línea de pensamiento. Como bien advierte Greene, la felicidad no es lo único que la gente valora intrínsecamente, pero sí es algo que suele valorar de esta manera; su intención es entonces combinar la idea de que la felicidad posee valor intrínseco con el ideal de la imparcialidad, es decir, la idea de que la felicidad de todos importa por igual, y convertir eso no simplemente en *una* moneda de cambio común para los valores sino en *la única* moneda de cambio común para los valores, la unidad para medir el valor de cualquier otro objeto valioso. La oferta de

[46] *Ibid.*, p. 187.

Greene puede sonar más atractiva de lo que es si se pasa por alto que parte importante de lo que se propone, junto con dicha metamoralidad, es que no hay lugar en ella para *algo más* que pueda importar intrínsecamente al mismo nivel. Como es sabido, existen muchas concepciones diversas del mundo de acuerdo con las cuales pueden poseer valor intrínseco acciones, seres u objetos distintos a la felicidad humana. Solo por mencionar algunos ejemplos, se pueden valorar de esta manera acciones como el ejercicio de las virtudes, el cumplimiento de los deberes, la obediencia a alguna deidad o deidades, la realización de algún proyecto personal o algún propósito trascendental, como la unión con el universo o la salvación del alma, etc.; y también seres u objetos como el medio ambiente, la naturaleza, el planeta Tierra, embriones y fetos humanos, objetos o artefactos con importancia histórica, artística, religiosa o cultural, alguna deidad o deidades, la patria, etc. Greene intenta ser universal en su propuesta al señalar que prácticamente todo el mundo, de hecho, valora intrínsecamente la felicidad propia y la de otras personas de forma consciente, pero esto deja fuera el hecho de que buena parte del mundo valora intrínsecamente también muchas otras cosas más, para las cuales no hay cabida en la metamoralidad del utilitarismo.

Por otro lado, aunque Greene se presenta a sí mismo como agnóstico acerca de la existencia de la verdad moral, su insistencia en presentar a la felicidad como aquello que «realmente importa» parece justificar cierta sospecha de que en su empresa hay un dejo de absolutismo moral, al menos en el sentido en el que este es definido por Gilbert Harman, es decir, la creencia de que existen ciertas cosas que todos tienen razones para querer o desear, y que dichas razones son suficientes para concluir que todos deberían actuar conforme a ellas.[47] La idea de Greene es que todos, de hecho, ya valoramos la felicidad intrínsecamente (al menos la propia y la de algunas otras personas); sin embargo él complementa esta idea con otras dos que no son de ninguna manera universales: que deberíamos extender nuestra valoración intrínseca de nuestra felicidad y la de algunas otras personas a *todas* las personas (el ideal de imparcialidad), y que deberíamos abstenernos de valorar alguna otra cosa intrínsecamente al mismo nivel que, o por encima de, la felicidad. Estas parecen ciertamente ser instancias en las cuales Greene opina que todos tenemos razones suficientes para querer o desear ciertas cosas y para actuar de ciertas maneras en consecuencia.

¿Significa esto que Greene es un absolutista moral, o tal vez incluso un realista moral encubierto? Tanto Rosenqvist como Kraaijeveld y Sauer contemplan ciertamente esta posibilidad, e incluso los dos últimos piensan que algunos de los argumentos de Greene en *Moral Tribes* en contra de las intuiciones morales antiutilitaristas, de hecho, presuponen un compromiso de Greene con el cognitivismo y la existencia de la verdad

[47] Cfr. Gilbert Harman, «Is There a Single True Morality?». En: *Explaining Value and Other Essays in Moral Philosophy*. Oxford: Oxford University Press, 2000, p. 84.

moral.[48] Sin pronunciarme acerca de este cargo, lo que puedo afirmar es que el tratamiento de Greene acerca del tema del valor intrínseco en *Moral Tribes* diverge mucho del espíritu antirrealista moral de su tesis doctoral. En la siguiente y última sección se presentarán algunas sugerencias sobre cómo el proyecto general de Greene podría ser mejorado para volverlo más resistente a este tipo de críticas.

4. Una metamoralidad basada en compromisos morales subjetivos

La palabra «problema» puede usarse en al menos dos sentidos muy distintos. Por un lado, puede hacer referencia a algo parecido a un acertijo, un misterio que se pretende aclarar encontrando cierta verdad. Por otro, puede significar una situación o un estado de cosas indeseable que requiere de ciertas acciones para dejar de existir. Ambos sentidos pueden combinarse cuando constituye un misterio qué tipo de acciones son requeridas para resolver cierta situación indeseable, pero existen muchos problemas en el sentido de acertijos o misterios que en sí mismos no parecen requerir acción alguna, como el problema mente-cuerpo o el problema del libre albedrío. La tragedia de la moralidad del sentido común es para Greene claramente un problema en el segundo sentido, un problema práctico, una situación indeseable que exige no solamente atención sino acción urgente. Pero Greene intenta convencer de que la indeseabilidad de la tragedia de la moralidad del sentido común es o debería ser universal debido al sufrimiento que podría acarrear, que todos deberíamos proponernos resolverla en vista de que todos de hecho valoramos o al menos deberíamos valorar intrínsecamente la felicidad de cada persona. ¿Podría argumentarse algo como esto de forma racional?

El recientemente fallecido Harry Frankfurt resume muy bien la dificultad básica de intentar argumentar que algo posee valor intrínseco. Él dice:

> No pueden existir criterios justificados racionalmente para establecer que alguna cosa tiene importancia inherente. Aquí hay una forma de ver el porqué: ninguna cosa es importante si todo estaría exactamente igual con ella que sin ella. Las cosas son importantes únicamente si hacen alguna diferencia. Sin embargo, el hecho de que hagan alguna diferencia no es suficiente para mostrar que son importantes. Algunas diferencias son demasiado triviales. Por tanto, no podremos saber si algo es o no importante mientras no sepamos cómo determinar si la diferencia que hace es o no importante.[49]

El mismo G. E. Moore, en los primeros párrafos del prefacio del libro que inaugura la reflexión contemporánea sobre la metaética, afirma que una vez que reconocemos el

[48] Cfr. Steven R. Kraaijeveld y Hanno Sauer, *op. cit.*, p. 128.

[49] Harry G. Frankfurt, *Taking Ourselves Seriously & Getting it Right*. Stanford: Stanford University Press, 2006, pp. 22-23.

significado exacto de la pregunta sobre qué tipo de cosas deberían existir por sí mismas (*ought to exist for their own sakes*), se vuelve claro que para responder a esta pregunta «ninguna evidencia relevante puede ser aducida en absoluto».[50] Moore después intentará, ciertamente, utilizar su método del aislamiento para mostrar que son buenas en sí mismas aquellas cosas que pensamos que son buenas aun si existiesen aisladas de cualquier otra cosa. Esta estrategia no está de ninguna manera exenta de objeciones, pero incluso de ser efectiva no nos explicaría en lo más mínimo en qué consiste o qué hace que algún objeto sea en sí mismo valioso, ni constituiría una razón evidenciaria para creerlo. Moore lo admite llanamente, y dice: «Cualquier cosa que sea buena como fin en sí misma debe ser admitida como buena sin prueba».[51] Argumentar que alguna cosa es buena en sí misma o como fin es algo esencialmente distinto a argumentar que alguna cosa es buena como medio, lo cual es en principio muy sencillo, y para lo cual basta simplemente con establecer que aquello que lo que queremos probar que es bueno como medio para conseguir cierto fin es una condición causal para la existencia o la preservación de dicho fin. Sin embargo, cuando se trata de mostrar que cierto objeto es intrínseca o inherentemente bueno, es decir, bueno como fin, por definición no existe un estándar o criterio similar cuya satisfacción pueda garantizarlo.

Esto hace que la cuestión sobre qué seres u objetos tienen valor intrínseco sea fuente por excelencia de lo que Robert Fogelin famosamente ha bautizado como «desacuerdos profundos»: desacuerdos que, «por su propia naturaleza, no están sujetos a resolución racional».[52] En un terreno mucho más cercano a la presente discusión sobre Greene, intentar mostrar que la felicidad de todas las personas es intrínsecamente deseable está sujeto a las mismas objeciones que Mackie esgrime en contra del realismo moral, en particular, a la objeción según la cual para que el realismo moral fuera verdadero tendría que existir una especie de prescriptividad objetiva en la realidad, instanciada en valores intrínsecos absolutos que serían capaces de demandar y dirigir la acción de los agentes de forma incondicional y no relativa a sus deseos e inclinaciones.[53] De acuerdo con Mackie, los usos morales de las palabras «debe» (*ought*) y «debería» (*should*), términos que naturalmente se utilizan para expresar imperativos hipotéticos, revelan patrones de objetificación de los valores, suprimiendo la referencia explícita a los deseos del hablante y presentando así sus demandas como ordenamientos dictados por la realidad objetiva.[54]

[50] George Edward MOORE, *op. cit.*, Prefacio, p. iv.

[51] *Ibid.*, p. 65.

[52] Cfr. Robert FOGELIN, «The Logic of Deep Disagreements». *Informal Logic* [Windsor, Canadá], 7/1, 2005, pp. 3-11.

[53] Cfr. John L. MACKIE, *op. cit.*, pp. 38 y ss.

[54] Cfr. *Ibid.*, p. 44.

Pero estos argumentos de Mackie no son de ninguna manera extraños a Greene, quien en su tesis doctoral, como quedó dicho en la segunda sección, emprende un ataque al realismo moral alrededor de las mismas líneas que el de Mackie. En mi opinión, retomar ciertos elementos de ese ataque al realismo moral beneficiaría al proyecto de Greene en *Moral Tribes*. En lo que resta de este trabajo me tomaré la libertad de proponer una estrategia que, creo, podría mejorar la propuesta de Greene en *Moral Tribes*, usando para ello en buena medida elementos de su propia tesis doctoral.

Como se ha mencionado antes, Greene define el escepticismo moral de su tesis doctoral como un escepticismo metafísico y no epistemológico: no es que niegue simplemente que podamos conocer la verdad moral o los valores absolutos, sino que su ataque va más bien en contra de que la noción de verdad moral misma (o de valores absolutos) sea coherente. Sin embargo, al final de esa ofensiva contra el realismo moral Greene acepta que no cuenta con un argumento contundente y definitivo (*knock-down argument*) contra el realismo moral, debido a que su ataque depende en diferentes momentos de afirmaciones muy generales pero de cualquier forma plausibles.[55] En mi opinión, esto podría ser razón suficiente para moderar dicho escepticismo moral metafísico (que niega la existencia de la verdad moral) a un escepticismo moral epistemológico que solamente niegue que tengamos acceso claro a la verdad moral en vista de que existen serias dudas sobre si la noción misma de verdad moral tiene sentido, pero que permanezca agnóstico acerca de la cuestión sobre si dicha verdad moral existe o no. Esto último, de hecho, embona muy bien con el Greene en *Moral Tribes*, quien como ya se dijo ahí se declara agnóstico acerca de la existencia de la verdad moral.

Cabe resaltar de nuevo que este agnosticismo acerca de la realidad moral y los valores absolutos no equivale a un rechazo tajante de su existencia. El argumento de Greene se fortalece y se vuelve más paladeable entonces, incluso para un realista moral, cuando en vez de abogar por el abandono el realismo moral se contenta con tender una *duda razonable* acerca de nuestro acceso a la verdad moral, y concluye que en vista de la razonabilidad de dicha duda convendría, al tratar de resolver desacuerdos morales, poder echar mano de los valores que de hecho compartimos y con los cuales estamos dispuestos a comprometernos, con independencia de si en última instancia dichos valores resultaren tener un fundamento objetivo en la realidad.[56]

[55] Cfr. Joshua Greene, *The Terrible, Horrible, No Good, Very Bad Truth About Morality and What to Do About It*, *op. cit.*, p. 53.

[56] En un par de artículos muy interesantes y relativamente poco discutidos sobre el tema del significado de la vida, Michael Smith y Thomas Nagel, ambos destacados defensores del realismo moral, se preguntan si sería posible que la vida humana fuese necesariamente absurda, en el sentido de que no fuera posible tener seguridad alguna de que pueda alcanzarse a través de ella algo objetivamente valioso. Ambos autores, por vías independientes, llegan a la conclusión de que la vida humana efectivamente *es* absurda («cósmicamente absurda», dice Smith incluso), debido a que, al igual que siempre podemos razonablemente poner en duda cualquier estándar evaluativo, podemos también poner en duda todos nuestros estándares evaluativos al mismo tiempo y quedarnos sin forma de

Ahora bien, tomando en serio dicho agnosticismo acerca de la existencia de la verdad moral y los valores absolutos, Greene ya no puede hacer depender sus argumentos metaéticos en *Moral Tribes* de una supuesta deseabilidad intrínseca o universal de la felicidad de cada persona. Dejar de creer en verdades morales y en valores absolutos cierra la puerta a la posibilidad de afirmar razonablemente que hay cosas que *realmente* importan. Greene en su tesis doctoral dice que abandonar el realismo moral y el discurso realista moral hará que el mundo sea un lugar mejor, y luego se pregunta: «¿Mejor en qué sentido? ¿Objetivamente mejor?» Y se responde inmediatamente después: «No. Subjetivamente mejor —mejor de acuerdo conmigo y con mis valores, y, sospecho, mejor de acuerdo contigo y los tuyos».[57] Retomando este mismo espíritu, al proyecto de Greene en *Moral Tribes* en mi opinión le vendría bien aceptar llanamente que él cree únicamente en valores no absolutos, y reconocer que entonces la metamoralidad que propone no puede buscar tener como fundamento ser la mejor metamoralidad ni ser la que funciona mejor para acomodar aquello que realmente importa. Adoptar una metamoralidad desde esta perspectiva no sería entonces muy distinto a adoptar una nueva moralidad, o, para el caso, tampoco sería muy distinto a adoptar una nueva religión o un nuevo equipo de fútbol favorito. Sería simplemente la adopción de un compromiso que refleja nuestros valores, valores que, de acuerdo con la misma perspectiva, al ser subjetivos no pueden aspirar a mayor validación externa que la de ser compartidos por otros.

Greene se acerca mucho a esto cuando discute en *Moral Tribes* el tema de los derechos. Él afirma que las apelaciones a la existencia de derechos (el derecho a la vida, el derecho a decidir, el derecho a la libertad, el derecho a la seguridad, etc.) son simples racionalizaciones de nuestras reacciones viscerales hacia temas morales sensibles, que a menudo utilizamos como un pase libre intelectual cuando ya no estamos dispuestos a discutir más. Él dice: «Los derechos son las perfectas armas retóricas para el debate moderno», y «argumentar acerca de los derechos puede ser totalmente inútil [*pointless*], pero a veces argumentar es totalmente inútil. A veces lo que se necesitan no son argumentos, sino armas. Y ahí es cuando es tiempo de defender los derechos».[58]

De acuerdo con lo que sostengo aquí, entonces, Greene podría conservar buena parte de la visión que propone en *Moral Tribes* tal como está, y simplemente hacer los ajustes que resulten al reconocer que nuestra adopción de una metamoralidad para

justificar cualquiera de nuestros fines (Nagel), y a que podemos razonablemente poner en duda incluso la coherencia misma de nuestros conceptos evaluativos, aunque no podamos deshacernos de ellos (Smith). Cfr. Thomas Nagel, «The Absurd». *The Journal of Philosophy* [Nueva York], 68/20, 1971, pp. 716-727; Cfr. Michael Smith, «Is That All There Is?». *The Journal of Ethics* [Dordrecht], 10/1-2, 2006, pp. 75-106.

[57] Joshua Greene, *The Terrible, Horrible, No Good, Very Bad Truth About Morality and What to Do About It*, *op. cit.*, pp. 46-47.

[58] Joshua Greene, *Moral Tribes*, *op. cit.*, p. 305.

intentar resolver desacuerdos y conflictos morales es una decisión que solamente puede estar basada en nuestros propios valores, en aquello que valoramos intrínsecamente de manera subjetiva, y que, como ciertos argumentos metaéticos que él acepta lo muestran, aquello que valoramos intrínsecamente se encuentra más allá del ámbito acerca de lo cual es posible fundamentar o argumentar racionalmente, y depende más bien de los compromisos morales fundamentales que estemos dispuestos a aceptar. Uno de dichos compromisos, él podría proponer, sería el de comprometernos a valorar intrínsecamente la felicidad de cada ser humano imparcialmente, y no solamente nuestra propia felicidad y la de algunas otras pocas personas, y podríamos asimismo promover la adopción de este compromiso como un ideal y fomentar que otros lo adopten; sin embargo, quedará siempre espacio para personas que no acepten dicho compromiso, que únicamente se valoren intrínsecamente a sí mismas, o a sí mismas y a cierto grupo limitado, o a alguna otra cosa, y, desde esta perspectiva, nada de esto podría criticarse bajo el argumento de que dichas personas cometen alguna falla racional o no alcanzan a apreciar lo que realmente importa.

Referencias bibliográficas

FOGELIN, Robert. «The Logic of Deep Disagreements». *Informal Logic* [Windsor], 7/1, 2005, pp. 3-11.

FRANKFURT, Harry G. *Taking Ourselves Seriously & Getting it Right.* Stanford: Stanford University Press, 2006

GREENE, Joshua David. *The Terrible, Horrible, No Good, Very Bad Truth About Morality and What to Do About It.* [Tesis doctoral. Princeton University, 2002].

GREENE, Joshua. *Moral Tribes: Emotion, Reason and the Gap Between Us and Them.* Nueva York: Penguin, 2013.

HARMAN, Gilbert. «Is There a Single True Morality?» En: *Explaining Value and Other Essays in Moral Philosophy.* Oxford: Oxford University Press, 2000, pp. 77-99.

KRAAIJEVELD, Steven R. y SAUER, Hanno. «Metamorality without Moral Truth». *Neuroethics* [Dordrecht], 12/2, 2018, pp. 119-131.

MACKIE, John L. *Ethics: Inventing Right and Wrong.* Harmondsworth: Penguin, 1977.

MOORE, George Edward. *Principia Ethica.* Londres: Cambridge University Press, 1903.

NAGEL, Thomas. «The Absurd». *The Journal of Philosophy* [Nueva York], 68/20, 1971, pp. 716-727.

ROSENQVIST, Simon. «Review of Joshua Greene's *Moral Tribes: Emotion Reason and the Gap between Us and Them*». *Journal of Moral Philosophy* [Nueva York], 14/2, pp. 225-228.

SMITH, Michael. «Is That All There Is?». *The Journal of Ethics* [Dordrecht], 10/1-2, 2006, pp. 75-106.

Roberto PARRA DORANTES

UNA LECTURA WITTGENSTEINIANA SOBRE LA TRAGEDIA DE LA MORALIDAD DEL SENTIDO COMÚN Y SU SOLUCIÓN

María Sol YUAN

Universidad Nacional del Litoral (Argentina)
msolyuan@gmail.com
ORCID: 0000-0001-5810-3940
DOI: 10.60940/comprendrev27n1id432836

Article rebut: 11/08/2023
Article acceptat: 05/02/2024

Resumen

El artículo evalúa dos aportes de *Moral Tribes*. Por un lado, la tragedia de la moralidad del sentido común, que marca la falta de cooperación entre grupos que presentan desacuerdos profundos. Por otro lado, la solución a esta tragedia que consiste en un «pragmatismo profundo». Analizaré estos temas a partir de herramientas de Wittgenstein en torno a las «formas de vidas», el modo en que seguimos reglas y la naturaleza de las certezas o *hinges*. Primero, señalaré que, aunque hay una distinción irremediable entre «nosotros» y «ellos», los límites de esta separación son modificables. En segundo lugar, consideraré que la salida debe hacer lugar de alguna forma a la normatividad, proponiendo una perspectiva contextualista pragmatista.

Palabras claves: tragedia de la moralidad del sentido común, tribalismo, Joshua Greene, Ludwig Wittgenstein, contextualismo pragmático.

A Wittgensteinian Reading on the Tragedy of Commonsense Morality and its Solution

Abstract

This paper considers two contributions from *Moral Tribes*. On the one hand, the tragedy of commonsense morality marks the lack of cooperation between groups that present deep disagreements. On the other hand, the solution to this tragedy consists of a «deep pragmatism». I will analyse these topics from Wittgenstein's tools around the «forms of life», how we follow the rules and the nature of certainties or hinges. First, I will point out that although there is an irredeemable distinction between «us» and «them», the limits of this separation are modifiable. Secondly, I will consider that the way out must make room for normativity, proposing a pragmatist contextualist perspective.

Key words: Tragedy of commonsense morality, Tribalism, Joshua Greene, Ludwig Wittgenstein, Pragmatic contextualism.

1. Introducción

Moral Tribes, de Joshua Greene,[1] es un libro excepcional que combina casos empíricos, experimentos mentales y un asunto filosófico de la mayor relevancia y actualidad. En una mezcla abrumadora de teoría evolutiva, estudios que analizan la conducta y disposiciones psicológicas a colaborar entre individuos y algunos experimentos mentales, Greene se adentra progresivamente en la radical falta de cooperación que existe entre «tribus», algo que cataloga como una «tragedia». Aunque no lo expone en estos términos, considero que su obra abona la idea de que los desacuerdos profundos entre «pares» epistémicos no pueden abordarse de manera individual, sino que requiere, ante todo, una mirada social o de grupos. Además, defiende la estrategia de las teorías no ideales, las cuales parten de la investigación de las circunstancias históricas y naturales que imposibilitan la aplicación de otras teorías ideales, como es el caso de los universalismos, la apelación a derechos y reglas *a priori*, entre algunos elementos que podemos citar.

Sin embargo, el entusiasmo de su propuesta deriva en algunas conclusiones radicales y en otras limitadas en su alcance. El objetivo de este trabajo es graduar dos de sus propuestas. En primer lugar, sostendré que, aunque hay una distinción irremediable entre «nosotros» y «ellos», esta no es un abismo trágico. En segundo lugar, consideraré que si la salida a esta tragedia es la propuesta de una metaética que nos permita cooperar, debemos hacer lugar de alguna forma a la normatividad, siendo cuidadosos de no caer nuevamente en teorías ideales. Para ello, necesitamos profundizar más en su alternativa pragmatista. Un posible camino para hacerlo es incorporar una perspectiva contextualista pragmatista.

Para llevar adelante este doble objetivo, me serviré de algunas de las herramientas que Wittgenstein presenta en su modo (contextual, o también no ideal) de hacer filosofía.[2] Recurriré a la noción de «formas de vidas», a sus conclusiones respecto del modo

[1] Cfr. Joshua Greene, *Moral Tribes. Emotion, Reason, and the Gap Between Us and Them.* London: Atlantic Books, 2015.

[2] Cfr. Ludwig Wittgenstein, *Philosophical Investigations.* Ed. Peter Hacker y Joachim Schulte. Trad. Gertrude Anscombe, Peter Hacker y Joachim Schulte. Chichester: Wiley Blackwell, 2009 (en adelante: «PI», seguido del número de parágrafo); Cfr. Ludwig Wittgenstein, *On Certainty*. Ed. Gertrude E. M. Anscombe y Georg H. von Wright. Trad.

en que seguimos reglas o atendemos a normas y a la naturaleza y rol estructurante de las certezas o *hinges*. Además, a fin de profundizar la solución pragmatista de Greene, mencionaré algunos aspectos pragmáticos del contextualismo wittgensteiniano.

A fin de llevar adelante mi propuesta procederé de la siguiente manera. Primero, presentaré de manera general «la tragedia del sentido común» desarrollada por Greene. Segundo, argumentaré por qué, desde mi punto de vista, no se trata de una tragedia «tan trágica», brindando una descripción alternativa de la distinción entre «nosotros» y «ellos». En este momento, dirigiré mi atención a las descripciones elaboradas por Wittgenstein sobre el seguimiento de reglas y a las certezas o *hinges*. Tercero, recogeré la solución de Greene a la tragedia que impide la cooperación entre tribus, la cual consiste en una metaética utilitarista o, como él lo define, en un «pragmatismo profundo». En relación con este tema, mostraré mi acuerdo general a su salida. Cuarto, sumaré la propuesta de un «contextualismo pragmático», siguiendo la expresión de José Medina.[3] Mi intención es generar una línea que permita «profundizar aún más» la salida pragmatista de Greene a la tragedia de la moralidad del sentido común. En las conclusiones, finalmente, recapitularé y ponderaré brevemente las distintas etapas de desarrollo y sus resultados.

2. La tragedia naturalista

La «parábola de las nuevas pasturas» de Greene[4] cuenta lo que sucede entre cuatro tribus de pastores que crían ovejas. Por razones de economía, me aparto ligeramente de Greene y les propongo pensar en solo dos de estas tribus: la tribu del norte y la del sur. Las tierras de ambas tribus están separadas por un bosque. Los pastores del norte realizan su actividad de manera individual. Cada familia tiene su parcela cercada de tierra y algunas de estas tierras son más prósperas que otras (por razones naturales o gracias al ingenio y cuidado de sus dueños). Los consejeros del pueblo tienen funciones mínimas: asegurar que se cumplan las promesas entre sus habitantes y se respete la propiedad privada. Las cosas suceden de manera bastante diferente en la tribu situada al sur del bosque. Sus pastores comparten las tierras, los animales y los beneficios de la actividad. Los consejeros del pueblo están, por ende, muy ocupados, porque son los encargados de asignar los rebaños, los trabajos y monitorear su funcionamiento. Aunque no hay familias tan ricas como en las pasturas del norte, tampoco hay otras que pasen hambre o frío en invierno. Un día, sin embargo, ocurre un gran incendio en el bosque que los

Denis Paul y Gertrude E. M. Anscombe. Oxford: Blackwell, 1969 (en adelante: «OC», seguido del número de parágrafo).

[3] Cfr. José Medina, *The Unity of Wittgenstein's Philosophy: Necessity, Intelligibility, and Normativity*. Albany: State University of New York Press, 2002.

[4] Cfr. Joshua Greene, *op. cit.*, pp. 1-12.

separaba y surgen allí, eventualmente, nuevas pasturas sobre las que ambas tribus deben acordar cómo trabajar. A pesar de que los pastores del norte y del sur son personas morales, tienen visiones incompatibles de cómo debería ser una sociedad y de lo que resulta adecuado o no. Estas perspectivas marcadamente diferentes respecto a, por ejemplo, la libertad individual irrestricta y el colectivismo los lleva a la falta de cooperación y acuerdo entre la tribu del norte y la del sur respecto a cómo administrar la vida en las nuevas pasturas. Ciertamente, habrá también desacuerdos respecto de cómo debe gobernar el consejo.

Esta parábola ilustra «la tragedia de la moralidad del sentido común» (*the tragedy of commonsense morality*). Es ante todo una tragedia, porque plantea una separación irreconciliable entre los valores y las formas de vida de distintos grupos sociales. Lo que es peor, es que nos preferimos irremediablemente a «nosotros» por sobre «ellos», algo que Greene denomina «tribalismo». Por un lado, entonces, «nosotros» nos diferenciamos de otros grupos («ellos») en cómo pensamos que debe plantearse la cooperación (individual o socialmente), si debemos emplear la agresión en la resolución de conflictos, e incluso en quién depositamos la autoridad, si en Dios, las instituciones y leyes, en los líderes u en otros candidatos, a los cuales, además, significamos de manera diversa. Estas cuestiones son solo un ejemplo de los muchos que pueden citarse al respecto. Por otro lado, nos preferimos sin rodeos en relación con los otros, buscando razones a nuestro favor y confiando en nuestros instintos y emociones, que actúan en defensa de nuestro interés tribal.

Greene emplea otra metáfora para mostrar el carácter realmente trágico de la moralidad del sentido común. Se trata de los modos de empleo de una cámara de fotos. Cuando la empleamos, podemos escoger el modo automático o el modo manual. A menudo es suficiente con el modo automático y, de hecho, este modo puede servir mejor a nuestros intereses de lo que podríamos programar manualmente (por ejemplo, escogiendo «retrato» para sacar una foto a una persona). Pero, en otras ocasiones, podemos escoger el modo manual y configurar una a una las diferentes opciones, como las tonalidades, el zoom o la amplitud de la lente.

De manera similar a como funciona una cámara, nuestro cerebro también posee un doble procesamiento que se configura en respuestas intuitivas, automáticas y otras que requieren una intervención manual. Esta dualidad de nuestro cerebro es suficiente para evitar el problema de la elección moral en un contexto de «yo» vs. «nosotros», es decir, en un contexto individual. En estos casos, Greene recomienda confiar en nuestras «reacciones viscerales». En ciertas ocasiones en que se presenta un conflicto entre mis intereses individuales y los del grupo social al que pertenezco, priorizo a los otros por sobre mí gracias a emociones morales como la empatía, el amor, la amistad, el honor, la gratitud y también gracias a otros sentimientos no tan nobles como la vergüenza, la culpa y el enojo. Lo realmente trágico, a los ojos de Greene, es que estas herramientas nos dejan indefensos para salvar las dificultades que presentan los conflictos entre tribus, o entre «nosotros» y «ellos». En estos casos, nuestro sentido común que marca nuestra configuración instintiva para manejar controversias no es confiable, nos hace parciales y tiende a priorizarnos a nosotros a toda costa. Entonces tenemos que proponer cambiar nuestros cerebros al «modo manual», frenar la dirección a la que tiende nuestra moral emocional y desarrollar un modo de razonamiento práctico y explícito para lidiar con la controversia.

Greene da una lectura biologicista de la evolución de la ética. La ética avanza en la historia de la humanidad porque nos ayuda a sobrevivir como especie. Nuestras emociones son respuestas automáticas muy confiables, porque son el resultado evolutivo que nos permite conservarnos como especie. El problema de esa ética es que nos divide en grupos con intereses rivales y no nos inclina a cooperar. La propuesta de Greene de naturalizar la ética o pensarla con relación a componentes de nuestra psicología evolutiva es un intento alternativo interesante y potente, aunque tal vez no suficiente, para acercarse a la moral. La razón por la que considero que no es suficiente es que explicar las causas de los comportamientos morales intertribales solo nos arroja hipótesis externas sobre nuestra constitución mental, pero no puede dar razones de las normas que nos guían en los casos concretos y sobre el modo en que empleamos los conceptos del modo en que lo hacemos. En este sentido, explicaciones psicológicas como las esgrimidas por Greene pueden darnos, en el mejor de los casos, las casusas por las que se está actuando mecánicamente de acuerdo a determinadas reglas morales, pero no puede decirnos por qué estamos obedeciendo estas reglas morales en los comportamientos concretos. Aún más importante, tampoco podría explicar por qué podemos torcer estos comportamientos u oponerle resistencia, generando otras acciones que consideramos mejores desde un punto de vista moral. La explicación de Greene nos sirve para dar cuenta de las causas que han influido en nuestra evolución para llegar a ser tribales, pero nos deja sin respuesta para la pregunta más relevante a responder: «¿Cómo nos acercamos a ellos?».

Sin embargo, las explicaciones causales, que nos adjudican propiedades morales grupales o individuales de modo esencial porque han sido causadas por la presencia de tales rasgos en el pasado evolutivo de la especie, no pueden dar cuenta de un asunto clave de nuestro comportamiento moral (pero tampoco de nuestro comportamiento significativo o con sentido, en general). Este aspecto tiene que ver con su normatividad. En la explicación de Greene, pareciera que las causas agotan el contenido del comportamiento moral. Hay demasiado esfuerzo por reducir lo normativo a conceptos no normativos. Por mi parte, soy de quienes considera que puede haber cabida para lo normativo sin que esta sea una regla universal, *a priori* y ajena a sus casos de aplicación. Esta es la idea, sostengo, que mantiene Wittgenstein en *Philosophical Investigations* en relación con las reglas y en la que me detendré más adelante.

Se me ocurre pensar, además, que no todo es para mejor, no nos adaptamos para sobrevivir. Los humanos de ahora no somos así y este modelo resulta un tanto escaso para explicar nuestros comportamientos. Por ejemplo, nuestro planeta se encuentra camino a un colapso global producto de nuestra forma actual de vida, es decir, como consecuencia de nuestros hábitos de consumo que generan contaminación y nuestro uso indiscriminado de recursos naturales. En este sentido, la forma en que hemos evolucionado atenta directamente contra la continuidad de nuestra especie.

La tragedia del nosotros vs. ellos es una tragedia naturalista, es la incapacidad de dar una salida fisiológica o biológicoevolutiva a estas diferencias. La tragedia se plantea cuando tomamos conciencia de las diferencias entre «nosotros» y «ellos» y aceptamos que esta diferencia no puede resolverse dentro del cerebro de cada uno/a, individualmente.

Tal vez le estamos pidiendo a las explicaciones naturalistas algo que no nos pueden dar (independientemente de lo mucho que sí nos dan, y que he disfrutado leyendo en el libro de Greene). Tal vez la tragedia no es tan trágica si no le pedimos todo al cerebro, a la biología de nuestros ancestros o a los comportamientos adaptativos y evolutivos de cientos de miles de años. Creo que algo de esto está en vistas de Greene al interponer su remedio utilitarista como una «meta-moral» con la que cada uno de los grupos debe comprometerse, respetando su interés de maximizar sus experiencias beneficiosas (la felicidad), apelando a razones que nos permitan sostenerlo de una manera más global y objetiva. Sin embargo, tal vez la tragedia no es tan trágica desde un inicio si, como digo, no la describimos en términos exclusivamente naturalistas para luego interponer una respuesta normativa como una instancia posterior y separada. A continuación, quisiera esgrimir algo de esta idea de una tragedia no tan trágica a partir de algunas consideraciones que realiza Wittgenstein entre el «nosotros» y el «ellos».

3. Una tragedia no tan trágica

En este apartado me propongo mostrar que, aunque la diferencia entre «nosotros» y «ellos» es ineliminable, tal vez no redunde en una tragedia tan trágica. Para ello, me centraré en la idea de que la «forma de vida»[5] de cada tribu no es algo que se da dentro del cerebro de cada uno/a. Por el contrario, ya es, para emplear otro término de Greene, «*inter*craneal»,[6] tanto en el modo de procesamiento automático como en el manual. El acuerdo sobre el que asentamos nuestra forma de vida se da, efectivamente, en hechos generales de la naturaleza, en la evolución biológica de la humanidad y en el funcionamiento de nuestro cerebro. Esto es algo compartido por toda la humanidad. Lo que hace específica a nuestra forma de vida, a diferencia de la de «ellos», es el acuerdo en lo que tiene importancia para nosotros, en el consenso social que le da inteligi-

[5] La expresión es empleada por Greene. Cfr. Joshua Greene, *op. cit.*, p. 152.

[6] Cfr. *Ibid.*, p. 296.

bilidad a nuestros conceptos y sentido a nuestras prácticas. Lo que es más importante, es posible modificar, aunque lenta y parcialmente, nuestros compromisos más nucleares respecto a las convicciones básicas compartidas por «nosotros».

A fin de mostrar mi punto, recurriré a dos aportes de Wittgenstein en *Philosophical Investigations* y en *On Certatinty*. El primer tema que quiero presentar brevemente es que nuestros comportamientos significativos responden de un modo flexible a reglas. Seguir una regla, por ende, no es más que eso, las acciones y significaciones que realizamos producto de la práctica, la familiaridad o costumbre y el entrenamiento en comportamientos normativizados al que somos sometidos desde que nacemos. Nuestros comportamientos significativos no requieren en lo cotidiano un «modo manual» de proceder, en el sentido de que el seguir una regla se asemeja más a obedecer que a interpretar deliberadamente un modo de proceder. Sin embargo, este «modo automático» wittgensteiniano está configurado también por aspectos normativos propios de la forma de vida en la que participo y no responde a configuraciones exclusivamente cerebrales y emocionales. El segundo tema, en el que me detendré un poco más, es que la «forma de vida» es el entramado de acciones y fenómenos compartidos a los que les damos relevancia o que son significativos para nosotros. Nuestra forma de vida presenta el límite entre aquello que tiene sentido, nuestras certezas, y aquello que consideramos absurdo, una locura. Estos límites son, sin embargo, modificables.

En primer lugar, Greene y Wittgenstein están de acuerdo en que tenemos un modo automático de comportarnos individualmente dentro del grupo con el que compartimos una misma forma de vida. Wittgenstein, sin embargo, es más amplio con relación a los comportamientos que conforman nuestras reacciones, no limitándose a las emociones morales ni a la situación en las que debemos anteponer a un «nosotros» frente a los intereses más individuales. Aún en las acciones que consideramos más individuales, como en confesarnos o jugar al juego «solitario», seguimos reglas comunitarias, no a pesar nuestro, sino porque no podemos distinguirnos de dichas normas de acción.

La pregunta que se hace Wittgenstein, y que forma parte de lo que se conoce como «el argumento del seguimiento de reglas», es cómo sabemos que estamos empleando las palabras de acuerdo con las reglas. La respuesta debe ser muy cuidadosa, porque no podemos regresar a la idea de significados como objetos o captaciones de reglas abstractas o platónicas, pero tampoco podemos perder el aspecto normativo del empleo del lenguaje, so pena de aniquilar cualquier lenguaje con significado. La alternativa de Wittgenstein es resituarnos en el propio empleo del término, en su expresión y en las acciones que llevamos adelante con ella: «… hay una captación de una regla que no es una interpretación, sino que se manifiesta en lo que llamamos "seguir una regla" y en lo que llamamos "ir en contra de ella" en casos concretos».[7]

[7] Ludwig Wittgenstein, PI, 201.

La acción en atención a la regla es lo que determina el significado. Esta acción no está mediada por la captación de una entidad independiente en relación con la cual comprendo el significado de la regla para el caso de aplicación particular. En otras palabras, la atención a la regla que guía la acción no es una instancia independiente de la propia acción. Hasta aquí, creo que Greene estaría de acuerdo. Sin embargo, para Wittgenstein, para que algo sea expresión de una regla, debe asumirse un empleo compartido públicamente, estable y no ocasional que establezca su normatividad, no puede ser simplemente hacer lo que en cualquier caso me parezca correcto.[8]

Comprendemos cómo seguir correctamente una regla como resultado de haber sido formados en una práctica o costumbre. No se trata de que el acuerdo entre los que integran un grupo de lenguaje determine el criterio de corrección para el empleo de las expresiones o la aplicación de figuras, sino que, antes bien, las reglas se te imponen en la práctica. Las reglas se sostienen por los usos en los que hemos sido adiestrados o capacitados hasta llegar a ser usuarios plenos de un lenguaje. No explicamos el significado de una expresión apelando al hecho de que todos podamos estar de acuerdo en ello o a que sigo mis instintos o disposiciones naturales a actuar de determinada manera. Lo explicamos a partir de las reacciones normativizadas que tenemos en atención a ellas y que típicamente se caracterizan como «casos normales» de empleo.

Seguir una regla ya es un asunto «*inter*craneal», no es algo que se pueda explicar apelando exclusivamente a las disposiciones emotivas que hay en nuestro cerebro. Hay un adiestramiento, y también un contexto y una familiaridad en la que cada uno de nosotros debe ingresar a fin de formar parte de un nosotros. Este «nosotros» constituye, inevitablemente, el conjunto de referencias a partir del cual nos acercamos a los «otros»:

> Seguir una regla es análogo a: obedecer una orden. Se nos adiestra para ello y se reacciona a ella de determinada manera…
>
> Imagínate que llegas como explorador a un país desconocido con un lenguaje que te es totalmente extraño. ¿Bajo qué circunstancias dirías que la gente de allí da órdenes, entiende órdenes, obedece, se rebela contra órdenes, etc.?
>
> El modo de actuar humano común es el sistema de referencia por medio del cual interpretamos un lenguaje extraño.[9]

En segundo lugar, Greene y Wittgenstein plantean una distinción entre el «nosotros» y el «ellos». Sin embargo, es posible modificar estos límites entre grupos para Wittgenstein. Después de todo, es una tragedia no tan trágica.

[8] Cfr. Ludwig Wittgenstein, PI, 199 y 202.

[9] Ludwig Wittgenstein, PI, 206.

La idea de establecer comparaciones entre diferentes imágenes del mundo a fin de evaluar su adecuación respecto de la verdad[10] resulta ajena a los pasajes desarrollados por Wittgenstein y Greene. Para ambos, se podría decir, las justificaciones, las dudas, las pruebas, las razones, las emociones e incluso las propias certezas siempre *son relativas* o vinculadas a una forma de vida grupal, y no pueden, por ello, encontrarse en una instancia separada que manifieste su sentido objetivo de un modo absoluto y neutro.

Las referencias a la diversidad cultural imaginaria o real presente en el pensamiento tardío de Wittgenstein se hallan, por citar algún otro pasaje, en afirmaciones como las de *Zettel*:

> Quiero decir: una educación absolutamente distinta de la nuestra también podría ser el fundamento de conceptos completamente distintos.
>
> Pues aquí la vida seguiría un curso diferente. Lo que es interesante para nosotros podría no serlo para ellos. Allí otros conceptos dejarían de ser inconcebibles. En efecto, conceptos esencialmente distintos sólo en estas condiciones son concebibles.[11]

On Certainty también apoya la idea de un tipo de juego de lenguaje que identifique a un grupo, pero no a otro. Sirviéndonos del caso de personas que, en lugar de guiarse por la física, consultan al oráculo, cabría preguntarnos: «¿Es incorrecto que consulten al oráculo y se dejen guiar por él? Si decimos que es "incorrecto", ¿no partimos de nuestro juego de lenguaje para combatir el suyo?».[12]

A estas personas no podemos convencerlas mostrándoles evidencia en contra de lo que consideramos su error porque su visión pertenece a otra concepción del mundo. La gramática de nuestro lenguaje no puede ser justificada, «no es ni razonable ni irrazonable, sino que está ahí, como nuestra vida»[13] y es por esto por lo que la preferencia por nuestro propio punto de vista no puede fundamentarse en sentido último, es nuestra acción (nuestras reacciones y actuaciones instintivas) las que yacen en el fondo de nuestros juegos de lenguaje ya que «como fundamento de una creencia bien fundada yace una creencia infundada».[14]

No resulta imposible imaginar otras maneras de concebir el mundo. Personas con intereses y ocupaciones diferentes describen, clasifican y ven el mundo de modo diferente de nosotros. Estos son aspectos con relación a los cuales los sujetos no están

---

[10] Cfr. Bernard Williams, «Wittgenstein and Idealism». En: *Moral luck. Philosophical Papers 1973-1980.* Cambridge: Cambridge University Press, 1981, p. 156.

[11] Ludwig Wittgenstein, *Zettel.* Edición bilingüe. Trad. Isidoro Reguera. Madrid: Gredos. 2009, 387-88. Cfr. *Ibid.*, 380.

[12] Ludwig Wittgenstein, OC, 609, 610 y 612.

[13] *Ibid.*, 559.

[14] *Ibid.*, 253.

trascendentalmente relacionados. Aquí, Greene y Wittgenstein no encontrarían serios problemas para acordar.

Pero Wittgenstein se despega de la concepción mentalista de las acciones humanas, incluso para el caso de las sensaciones, por ejemplo, las ligadas al concepto de «dolor»: «Una tribu tiene dos conceptos afines de nuestro "dolor". Uno se aplicará a casos de heridas visibles y está ligado con el cuidado, la compasión, etc. El otro se aplica en casos, por ejemplo, de dolor de estómago, y consiste en hacer mofa del que se queja...».[15]

Claramente, describimos el juego del lenguaje de los miembros de esa tribu y en este sentido son «accesibles» a nosotros. Resultaría entonces completamente trivial decir que los describimos en términos de nuestro lenguaje ya que ¿de qué otro modo podríamos hacerlo? La falla en la comprensión no se da en el nivel de la descripción sino en un nivel más profundo de «la acción y la reacción instintiva». Lo que hace incomprensible a estas personas para nosotros es que no podemos compartir esas mismas reacciones ante todos los casos de dolor.

Cuando se trata del dolor de panza, es fácil aceptar las diferencias interculturales. Se torna más difícil hacerlo en otras ocasiones, como la salida a la luz con el caso de Safira,[16] la mujer nigeriana acusada de adulterio que enfrentaba pena de muerte por lapidación y que resultó absuelta por fallas procesales, gracias a la presión internacional. Hay grupos de personas que no pueden ser incluidos en el «nosotros» de un modo relevante por plantear una forma de vida que reconocemos radicalmente diferente. Los límites de lo que podemos comprender no es el límite impuesto por un sujeto trascendental acabado y omnisciente, sino del tipo de límites que trabajamos «desde adentro» en los contextos de nuestras experiencias de lo inadecuado y la ignorancia.[17]

Las controversias que nos separan a «nosotros» de «ellos» pueden expresarse como una clase particular de desacuerdos en lo que Wittgenstein señala como certezas o *hinges*. Estas forman parte de mi «imagen del mundo» (*Weltbildung*) y ocupan, en este sentido, el trasfondo de mi creencia.[18] Las certezas no poseen un carácter epistémico ni la misma función que las proposiciones empíricas. No es posible dudar de ellas y,[19] por ende, si bien parece razonable sostener la proposición en sentido afirmativo (por ejemplo: «sé que soy un humano») no parece razonable decir lo contrario. Las certezas conforman, en este sentido, un entramado de costumbres, instituciones y acciones repetidas de carácter natural y producido por el adiestramiento; un fondo heredado.

[15] Ludwig Wittgentesin, *Zettel*, op. cit., 380.

[16] https://www.clarin.com/ediciones-anteriores/salvan-morir-lapidada-safiya-nigeriana-acusada-adulterio_0_HJlMduSx0tl.html [Consulta 20/7/2023].

[17] Cfr. Derek Bolton, «Life-form and Idealism». En: Godfrey Vesey (ed.), *Idealism Past and Present*. Cambridge: Cambridge U. P., 1982, pp. 282-283.

[18] Cfr. Ludwig Wittgenstein, OC, 209.

[19] Cfr. *Ibid.*, 220.

Lo que resulta clave a fin de comprender el trasfondo formado por las certezas y su relación con nuestras afirmaciones de conocimiento es que la descripción crucial de nuestras creencias básicas es producida por Wittgenstein *en términos de nuestro modo de actuar*. Se trata de un trasfondo que no puede ser considerado metafísico en el sentido de contar con tal estatus en vistas a su rol justificatorio de afirmaciones de conocimiento o por contar con algún rasgo esencial o definicional que lo habilite a ocupar tal lugar. Sin desear atribuirle alguna línea de pragmatismo tal vez ajena a los intereses de Wittgenstein, lo cierto es que en *On Certainty* se acentúa la primacía de la acción al mostrar que nuestros pensamientos, nuestras afirmaciones de conocimiento, nuestras deducciones, etc., están determinadas a compartir una forma de vida. Nuestras certezas no pertenecen al orden de la razón, la justificación o la reflexión, sino que se manifiestan en nuestra lógica gramatical (en sentido wittgensteniano) que delinea nuestra forma de vida.

Sin embargo, Wittgenstein aclara que, en circunstancias especiales, algunas *hinges* (considérese: «Siempre he estado cerca de la superficie de la tierra») pueden ser consideradas como una proposición respecto de la cual tenga sentido emplear la adscripción «sé»: «sé que siempre he estado cerca...». Por ejemplo, si Moore hubiera llegado a una tribu que piensa que ha venido de la Luna,[20] entonces podría emplear la afirmación de que sabe que siempre ha estado cerca de la superficie de la tierra en un contexto en el cual tiene sentido hacerlo. Esta situación marca, a mi criterio, un aspecto relevante: podemos sostener un empleo empírico o un empleo gramatical de la misma proposición, si la rodeamos de un contexto apropiado. Cuando una *hinge* se encuentra en el contexto especial de ser considerada como una proposición empírica, se habilitan los canales de justificación epistémica inferenciales y, en ciertos casos, la apelación a otros recursos evidenciales. Por lo tanto, al menos algunas *hinges* pueden ocupar en ciertas ocasiones el lugar de proposiciones empíricas y, por ende, su sostén como *hinges* no se debe a ningún rasgo esencialista, en el sentido de que se sostenga *a priori* por su propia naturaleza, sino, antes bien, a las prácticas y empleos estables y acostumbrados y a los contextos «amables»[21] que la sostienen.

Esto indica que nuestras *hinges* y también nuestras proposiciones cognoscitivas poseen sentido sólo en el contexto apropiado. Wittgenstein afirma al respecto que todas nuestras *hinges* no son falsables, pero sí pueden resultar obsoletas, en el sentido de que aquello que consideramos fundamental puede llegar a no serlo bajo determinados contextos o circunstancias. Cuando estos casos se dan, nos encontramos ante casos de certezas abandonables,[22] que inducirían a un individuo a abandonarlas en cualquier momento sin por ello conducir su sistema de creencias al caos.

---

[20] Cfr. *Ibid.*, OC, 264.

[21] Cfr. *Ibid.*, OC, 615.

[22] Cfr. Daniele Moyal-Sharrock, *Understanding Wittgenstein's «On Certainty»*. Londres: Palgrave Macmillan, 2004, p. 101.

Wittgenstein se refiere de manera metafórica al tema: el margen del río es de roca (sin cambios, o con cambios imperceptibles) y de arena, al igual que las cripto-proposiciones que conforman nuestras certezas.[23] Ellas contienen nuestras afirmaciones de conocimiento, como los márgenes del río, su cauce. Algunas proposiciones pueden «endurecerse» y funcionar como canales para otras proposiciones empíricas «fluidas» y esta relación puede invertirse con el tiempo. Nuestra forma de vida es pasible de modificación, aunque a veces lenta e imperceptible. La conformación de las certezas parte de la sedimentación de proposiciones empíricas y, por lo tanto, estas «cripto-proposiciones» pueden cambiar con el tiempo e incluso invertir lugares con aquellas proposiciones empíricas no solidificadas. Nuestra imagen del mundo puede cambiar. Y aunque no haya fundamentos inmodificables que aseguren la gramática que tenemos, distinguimos entre un tipo de proposiciones y las otras.

Aquello a lo que le damos importancia y las significaciones particulares que tienen nuestros conceptos (morales, materiales y otros) responden a nuestra forma de vida. Una vez más, usando las palabras de Wittgenstein, «es nuestra *acción* la que yace en el fondo del juego del lenguaje».[24] Por lo tanto, es posible que la exposición a nuevas prácticas, contextos e intereses generen un lento cambio en nuestras certezas.

Greene explica que hay un «nosotros» y un «ellos» que remite a la división de las pasturas entre tribus: la tragedia entre los grupos se mezcla con explicaciones biologicistas y paleontológicas o evolutivas. Creo que Greene está más interesado en ver aquello que nos separa que aquello que nos une a los otros. Greene ve la «tragedia». Wittgenstein ve nuestro modo contextual de ser: piensa que esto es modificable, no un rasgo esencial de nuestras personas. No es fatalista, ni metafísicamente determinista.

Como sea, hay ciertamente un límite entre el «nosotros» y el «ellos» para ambos autores. Es el límite de la comprensión y de las certezas más básicas, el límite entre el sentido y el sinsentido, entre la cordura y la locura. ¿Cómo salimos de esto? ¿Es posible salir de esto? No, si buscamos un principio o regla universal completamente superador para estos grupos.

Concuerdo con Greene[25] en que el relativismo tiene algo de correcto, desde que nos pide que sospechemos de la idea de postular principios morales metafísicamente prioritarios, objetivos y abstractos. No hay una moral independiente a la que apelar.[26] Di-

[23] Cfr. Ludwig Wittgenstein, OC, 94-99.

[24] *Ibid.*, 204.

[25] Cfr. Joshua Greene, *op. cit.*, p. 149 y p. 290.

[26] Esto a pesar de que la salida a la tragedia de la moral del sentido común parece apelar a cierta independencia. En relación con su propuesta de una metamoral, afirma ya al comienzo de su libro: «se trata de tomar esta nueva comprensión de la moralidad y convertirla en una filosofía moral universal que los miembros de todas las tribus humanas puedan compartir». *Ibid.*, p. 5.

cho wittgensteinianamente, no contamos con la base objetiva necesaria para comparar diferentes juegos de lenguaje con la finalidad de establecer su verdad. Hay un nosotros y después están ellos.

También estoy de acuerdo con Greene en que no podemos ser inoperantes al respecto, la aceptación del tribalismo no debe evitar pensar que es posible algo así como la comprensión intercultural. Debemos encontrar medios concretos y eficientes para lograrlo. Wittgenstein piensa que hay algo modificable en nuestra forma de ser, que contamos con la capacidad de modificar lenta y progresivamente nuestras convicciones más básicas y acercarnos a los otros con quienes no compartimos nuestra forma de vida, bajo la condición de modificar nuestra propia forma de vida y aunque este acercarse sea inacabado y parcial y la diferencia entre «nosotros» y «ellos» siempre subsista. En este sentido, creo que la descripción de Wittgenstein de aquello que nos separa a «nosotros» de «ellos» es una descripción no tan trágica de la división.

Es interesante pensar que podemos emplear «modos manuales» para acercarnos a los «otros», aunque el propio Greene sospecha de aquellos modos que apelan a razones para zanjar diferencias entre formas de vida grupales diferentes. Según nos explica,[27] tendemos a racionalizar nuestras convicciones sociales inmediatas, buscando razones para justificarnos antes que sometiéndolas a un escrutinio racional. Las razones no logran poner en crisis nuestros modos automáticos de ser. Wittgenstein está de acuerdo con esta idea, desde que las certezas pertenecen a un espacio lógico diferente al de las razones y se comportan de una manera distinta. No nos justificamos mediante razones de nuestra imagen del mundo, no somos capaces de considerar que son falsas ni ponerlas seriamente en duda. ¿Cómo hacemos, entonces, para saldar diferencias profundas entre grupos sociales? A continuación, me adentraré en la propuesta de Greene y en las contribuciones que quisiera añadir en su misma dirección.

Creo que la descripción wittgensteiniana del nosotros y el ellos, donde hay cabida para una normatividad, pero no universal *a priori*, y donde hay una descripción apegada a la diversidad y complejidad de casos en los que nos diferenciamos de otros, es una buena motivación para hacernos la pregunta «¿cómo nos acercamos a ellos?» La tragedia, explicada en los términos de Greene, me hace dudar de que para estos tribalistas sea siquiera deseable acercarse a los otros. El tribalista greeneano se preguntaría (retóricamente): «¿¡Para qué quiero acercarme a ellos?!» Como sé que para muchos de nosotros (y claro que también para Greene) es muy importante ver cómo nos acercamos a los otros, pienso que la tragedia no tan trágica de diferenciarnos en términos wittgensteinianos permite un mejor paso hacia este anhelo de comprensión intercultural.

[27] Cfr. *Ibid.*, pp. 296-302.

4. Sobre la propuesta pragmatista de Greene

El camino que encuentra Greene para lograr resolver nuestras diferencias con otros grupos y poder cooperar con quienes no reconocemos dentro del «nosotros» es el de someternos todos (los grupos) a una moral de segundo orden,[28] una metamoral que medie entre las morales de primer orden de cada tribu. Dadas visiones incompatibles de nuestra vida moral y la de otras tribus, debemos inclinarnos por una idea utilitarista. Según las palabras de Greene: «Pienso que esta idea de hacer lo que sea que funcione mejor es una idea espléndida».[29]

Greene propone una «metamoral» a la cual nos someteríamos nosotros y ellos porque redunda en un beneficio mayor para ambos en un futuro. Pero ya vimos anteriormente que no es fácil confiar en nuestra moral a la hora de emprender esta tarea, porque nuestras intuiciones automáticas solo están diseñadas en nuestro cerebro para cooperar con otros con los cuales me identifico como miembro de un grupo: «sus intuiciones morales están a tono (*tuned*) con sus respectivas formas de vida».[30] Pero, además, tampoco funciona para nosotros aceptar un nivel de segundo orden con reglas y principios a los que someternos, porque las razones no nos funcionan bien a la hora de revisar nuestras convicciones más básicas que estructuran nuestra forma de vida.

Basándose en la propuesta de Bentham y Mill, el utilitarismo de Greene sostiene el principio de que debemos aspirar a maximizar la felicidad de manera imparcial. Para ello, en ocasiones debemos renunciar a seguir nuestra moral instintiva que nos inclina a optar por nuestras preferencias personales, pero, también, debemos dejar suspendido en ocasiones el seguimiento de los intereses de nuestra propia comunidad o tribu. Debemos, en cierta medida, generar herramientas que permitan resistir o frenar la fuerza evolutiva de la humanidad. La medición de los efectos que tienen nuestras elecciones en el fondo común de la felicidad debe ser la «divisa común» (*common currency*) que nos permita colaborar entre diferentes grupos. Después de todo, las diferentes tribus encuentran que la felicidad es algo valioso. Además, la felicidad de cada tribu cuenta por igual, ninguna es inherentemente más valiosa que otra. El modo de hacer asequible esta idea de felicidad en términos de mejoramiento de la calidad de las experiencias positivas (y tratando de disminuir las experiencias negativas) es «estudiando la felicidad de las poblaciones y delineando conclusiones acerca de qué tiende a acrecentar o disminuir la felicidad».[31]

[28] Cfr. *Ibid.*, p. 147.

[29] *Ibid.*, p. 150.

[30] *Ibid.*, p. 152.

[31] *Ibid.*, p. 170.

Greene prefiere referir al utilitarismo bajo la expresión «pragmatismo profundo». Esta preferencia se basa en su intento (no del todo exitoso)[32] de evitar la mala prensa que tiene el utilitarismo y también es consecuente con la acepción coloquial de «pragmatismo», pero con ciertas salvedades que lo hacen más profundo. Estas salvedades tienen que ver, por un lado, con que el pragmatismo profundo prioriza los intereses a largo plazo por sobre las preferencias a corto plazo. Por otro lado, el pragmatismo profundo se compromete con «valores nucleares», con «primeros principios»; es más que un modo flexible de hacer las cosas. Greene no desea comprometerse con la tradición filosófica del pragmatismo. Según aclara, esta visión está emparentada con una teoría de la verdad que sostiene que las afirmaciones son verdaderas o falsas dependiendo de los efectos prácticos que tenga el creer en ellas.[33]

Antes de finalizar este apartado, no quisiera dejar de matizar un tanto mi propio optimismo ante la solución utilitarista pragmatista de Greene. Su propuesta me parece espléndida en términos de razones, aunque desconoce en cierta medida que hay relaciones de poder social que hacen que un grupo no vaya a cambiar de parecer simplemente porque puede no hacerlo y porque le conviene no hacerlo. Ello a pesar de que sea objetiva y razonablemente posible cambiar de parecer y modificar valores. Tal como afirma Greene: «La gente piensa que hacer lo que sea que funcione mejor es espléndido, hasta que se dan cuenta que lo que en realidad desean no es lo que necesariamente funciona mejor».[34] Este es un problema para el que no tengo solución, excepto tal vez pensar que la instrumentalización de políticas públicas que tiendan a mitigar esta asimetría provocada por el poder social. Sin embargo, los planes y las políticas del estado suelen estar, no casualmente, en manos de quienes ostentan el poder. Esto es así dentro del orden político mundial y dentro de cada una de las sociedades, donde el poder social produce marginaciones y daños basados en género, raza, capacitismo, religiones y otras dimensiones que actúan interseccionalmente en la configuración de las identidades sociales.

Por lo tanto, aunque esta no pueda ser la solución definitiva al problema de la cooperación intercultural, considero que el pragmatismo es una acción correctiva útil y que hacer lo que sea que funcione mejor es una idea espléndida a la cual podemos aceptar someternos las tribus. Siguiendo sus pasos, recomendaría añadir un elemento

[32] Cfr. Thomas Nagel, «You Can't Learn About Morality from Brain Scans: The problem with moral psychology». *New Republic.* Retrieved November 24, 2013. Disponible en: https://newrepublic.com/article/115279/joshua-greenes-moral-tribes-reviewed-thomas-nagel [última consulta: 02/08/2023].

[33] Cfr. Joshua Greene, *op. cit.*, p. 153 y p. 369. Greene no dice que esta concepción que tiene del pragmatismo filosófico sea la razón por la que prefiere no adherir a él en su concepción pragmática. Si hipotéticamente lo tomáramos como una razón, no sería tan convincente, ya que Greene se considera agnóstico respecto a la pregunta de si hay verdades morales y, aún más, piensa que centrarse en esta cuestión no tiene importancia práctica. Cfr. *Ibid.*, p. 188.

[34] *Ibid.*, p. 153.

en esta dirección, sugiriendo que el modo de hacer que funcione esta idea es seguir las reglas de un modo contextual.

5. Una idea para profundizar más en el pragmatismo de Greene

Greene se centra en una idea de «pragmatismo» considerando el término coloquialmente.[35] Sin embargo, en primer lugar, el pragmatismo greeneano no quiere ser coloquial si por ello pensamos que tenemos que privilegiar lo que sea mejor en el corto plazo, a costa de consideraciones de intereses a largo plazo. En segundo lugar, su postura quiere ser más que un «estilo flexible» de hacer las cosas cotidianamente, que puede estar al servicio de cualquier valor. Su propuesta quiere llegar al núcleo más básico de qué es lo que vale la pena proponerse como valores de cooperación intertribal, «incluso cuando vaya en contra de los instintos tribales».

Mi intención en este apartado es, sin embargo, la de contribuir al proyecto de Greene a partir de un añadido que se desprende de las consideraciones realizadas en los apartados 3 y 4 de este trabajo. El aporte consiste en interponer un principio contextual a la comprensión intercultural centrada en controversias profundas entre grupos.

En los apartados anteriores, he descrito las certezas como el núcleo de la forma de vida propia de cada tribu, junto con la idea de que estas certezas son intracraneales y se configuran en el ámbito de las normas comunes y compartidas. Además, al no contar con una definición esencialista de las formas de vida sino pensar que estas formas son susceptibles de modificaciones parciales lentas, he sugerido que contextos diferentes pueden habilitar estas posibilidades de modificar las certezas que componen cada tribu.

Estos cambios tienen que ver, en primer lugar, con el contextualismo epistémico. Este enfoque enfatiza el contexto en el que ocurre una acción o expresión, argumentando que estas últimas solo pueden entenderse en relación con ese contexto.[36] Los puntos de vista contextualistas sostienen que conceptos como «significar p», «saber que p», «tener una razón para A», e incluso «ser verdadero» o «estar justificado» solo tienen significado en relación con un contexto específico o, en otras palabras, resultan ser sensibles al contexto (*context-sensitive*).[37] Aunque se trata de un debate relativamente reciente, el contextualismo hunde raíces hasta mediados del siglo XX, en aportes en torno al pluralismo respecto de estándares epistémicos que pueden rastrearse en el propio Wittgenstein. Basándose en estos aportes, Michael Williams sugiere que una creencia particular posee estatus epistémico no en función de contar con una «unidad

[35] Aunque no cuente con espacio para desarrollarlo, creo que sería fructífero para la propuesta de Greene el ingresar en el movimiento pragmatista norteamericano de fines del siglo XIX y comienzos del XX.

[36] Cfr. Anthony Price, *Contextuality in Practical Reason*. Oxford: Oxford University Press, 2008.

[37] Cfr. Jonathan Ichikawa, *Contextualizing Knowledge*. Oxford: Oxford U.P., 2017.

estructural» subyacente que la convierta en una instancia de tipo particular, sino que basta considerar «factores situacionales, disciplinarios y otros contextualmente variables» para ponderar si nos encontramos ante una pieza (justificada) de conocimiento.[38]

Sin embargo, deberíamos ser capaces de extender este contextualismo hacia ámbitos que no sean restrictivos de la justificación epistémica o, para decirlo de otra manera, del ámbito de dar y pedir razones. El motivo de este desplazamiento es que, como sugerí en el apartado anterior, las controversias que nos separan a «nosotros» de «ellos» son desacuerdos que pueden expresarse en lo que Wittgenstein señala como certezas o *hinges*. El contextualismo no sólo puede llevarnos a aceptar diferencias culturales, gracias a la consideración de contextos disímiles, sino incluso, a modificar progresivamente nuestras propias convicciones básicas, al ubicarnos nosotros mismos en un contexto alternativo.

José Medina describe una forma de contextualismo que puede desprenderse de las consideraciones del último Wittgenstein.[39] Esta posición denominada «contextualismo pragmático» implica una noción de contexto no solo para las palabras sino, también para las acciones insertas en nuestros juegos de lenguaje. La idea general es que lo que puede hacerse de acuerdo con una regla es el producto de los prácticas concretas y cambiantes de aplicación. Solo dentro de un contexto situacional podemos dar sentido a nuestras prácticas.

Una de las principales ventajas del contextualismo pragmático es que nos da, finalmente, una herramienta que permite introducir la normatividad en la medida en que es establecida por cada comunidad, sin caer en el relativismo. Wittgenstein nos dice que la eficacia de las reglas se deriva de su uso en una cierta práctica. El acuerdo que subyace en nuestras prácticas es lo que les otorga fuerza normativa a las acciones. Ahora bien, esta práctica no es solo un asunto de la acción que se desarrolla sino del contexto en el cual la acción es llevada adelante.[40] Nos permite ceñirnos al seguimiento de reglas y valores profundos vinculados a la búsqueda imparcial de felicidad, sin proponerlos como principios que funcionen de un modo *a priori*, desconectado de las mediciones necesarias para la determinación de los mismos.

¿Qué pasa, sin embargo, cuando no hay acuerdo entre grupos respecto a las acciones significativas? Después de todo, el contextualismo toma como prerrequisito este acuerdo y el caso de la tragedia entre nosotros y ellos se enmarca, precisamente, en que no contamos con dicho acuerdo ya que no compartimos la misma forma de vida y en que, aún más, no tenemos motivaciones para cooperar debido a nuestro sesgo tribalista. En

[38] Cfr. Michael Williams, *Unnatural Doubts: Epistemological Realism and the Basis of Skepticism*. Oxford: Oxford U.P., 1991, pp. 108-109; Cfr. Michael Williams, «Contextualism, Externalism and Epistemic Standards», *Philosophical Studies*, vol. 103, 2001, pp. 1-23.

[39] Cfr. José Medina, *op. cit.*, p. 3.

[40] Cfr. *Ibid.*, p. 125.

algunos casos, esto no importa, en el sentido de que lo único que debemos reconocer es que algunos grupos hacen las cosas de un modo diferente y que, el que nosotros no tengamos una relación con dichas prácticas o no las comprendamos, habla más de nuestra propia situación epistémica y comunitaria que de la de ellos.[41] Como dice Wittgenstein, en algunos casos debemos decir: «¿qué hay de malo? Ellos hacen esto. Y a ellos les va bien así. ¿Qué más quieres?».[42]

Otros casos, sin embargo, pueden resultar desafiantes para nuestras prácticas interculturales tolerantes, nos interpelan y nos motivan a no ser indiferentes. El ejemplo citado de Safira es uno de ellos. Otro ejemplo podría ser el caso de la legalización del aborto. Ciertos grupos se resisten a su aceptación y, por ende, a las políticas públicas que tienden a su reglamentación, por motivos religiosos. En estos casos, nosotros (la comunidad que no comparte estas creencias religiosas) no sabemos bien por donde comenzar para convencerlos de la utilidad de tales regulaciones públicas. Podemos decirles que no hay que mezclar a la Iglesia con el Estado, pero esto no nos acerca mucho a la cooperación. Ellos están convencidos de que se trata de una práctica aberrante, más allá de nuestras pretensiones ilustradas.

Creo que la salida respecto a este tipo de conflictos implica la aceptación de que no hay acciones que estén justificadas en sí mismas, independientemente de nuestra relación con dichas prácticas. Además, debemos recordar que nuestras afirmaciones de inteligibilidad no son absolutas ni finales, sino dependientes del contexto y abiertas a revisión. Son, ante todo, un asunto de grados. Por ello tal vez no podamos convencer a un grupo religioso que se opone al aborto de que esta es una práctica que está bien, sino podemos llegar a acordar en que tiene un punto o una utilidad y en que, en el contexto en que se practica, redunda en beneficios para la comunidad que son mayores a sus desventajas de aplicación. Además, siempre tienen la posibilidad de no hacer uso de estas prácticas en su comunidad religiosa. Incluso podemos apelar a usos más narrativos, que acerquen a los otros a nuestro lugar, a la vivencia de situaciones cercanas que despierten su empatía.[43] En esto, la estrategia utilitarista parece acoplarse con el contextualismo. Se trata de una tarea difícil y nunca acabada, pero creo que el contextualismo habilita este tipo de diálogos interculturales, en la medida que reconoce que la relación entre nuestras reglas y nuestras prácticas es «flexible» y susceptible de cambios. No hay asuntos que sean inviolables *a priori*.

[41] Cfr. *Ibid.*, p. 152.

[42] Ludwig Wittgenstein, *Lectures on the Foundations of Mathematics*. Editado por Cora Diamond. Chicago: University of Chicago Press, 1989, p. 204.

[43] Guillermo Lariguet plantea una salida adecuada al problema del desacuerdo respecto a la legalización del aborto. Aunque no es el eje que rige la presentación de su trabajo, lo considero, además, potencialmente compatible con mi sugerencia contextualista. Cfr. Guillermo Lariguet, «¿Cómo es posible justificar moralmente el aborto?». *Erasmus. Revista para el diálogo intercultural* [Río Cuarto], año 14, número 1, 2012, p. 27.

Medina piensa un sentido en que puede intentar dirimirse los desacuerdos profundos entre tribus de un modo contextualista pragmático:

> ...cuando tratamos de comprender a otros es natural recaer en nuestras prácticas que ya tenemos dominadas y tratar de traer a nuestros interlocutores a nuestras prácticas. Sin embargo, como vimos, nuestros interlocutores pueden probar ser bastantes tercos y pueden no tolerar la asimilación a nuestras prácticas. Cuando esta asimilación no es posible, ¿deberíamos concluir (de acuerdo con Wittgenstein) que hemos llegado a los límites de nuestra comprensión? No. Por el contrario, Wittgenstein sugiere que, en la mayoría de los casos, cuando no hay consenso de acción ya disponible para comprender una práctica extraña, podemos traer uno.[44]

La manera de acercarnos a los otros es «entrenarnos», participando en sus prácticas y acercándonos a sus puntos de vista. Esto es posible porque no hay reglas rígidas que gobiernen nuestro comportamiento y el de ellos. No hay límites fijados sino prácticas históricas y cambiantes que podemos ampliar y moldear a partir de nuestra vida compartida con otros. Esto no disuelve la diferencia entre nosotros y ellos, pero nos acerca, nos permite tender puentes que sirvan de base para la parcial modificación de algunas de nuestras convicciones más nucleares. Los pastores del norte no van a cambiar todos sus puntos de vista, a sufrir una transformación radical que los asimile a los pastores del sur. Pero tal vez compartir pasturas e integrarse con los otros sirva de suelo para que algunas de las prácticas del sur resulten parcialmente aceptables en contextos determinados y viceversa. Esta es una tarea siempre inacabada y parcial, imperfecta, pero abrirnos en nuestras prácticas a los otros es un buen modo de generar un contexto donde sea posible cierta colaboración con los otros.

Si la normatividad es influida por nuestras acciones compartidas, compartir acciones con otros, aunque sea de modo imperfecto, puede llevar al delineamiento de una normatividad distinta, más cercana entre nosotros y ellos. De otra manera, las seis reglas que propone Greene,[45] en conjunto con su propuesta de una metaética, permanecen tan lejanas a nuestras (y las de ellos) prácticas normativas que pasan a estar desconectadas de nuestra forma de vida y, por ende, no tendríamos motivaciones para incorporarlas. Podríamos pensar, por ejemplo, qué razones o motivos tendría un pastor del norte (que piensa que lo que debe primar es el mérito y el interés individual) para aceptar que debemos hacer lo que sea útil para la mayoría de las personas que componen una sociedad formada por ellos y los pastores comunitaristas del sur. Después de todo, tal como dice Greene: «para que sean efectivos a largo plazo, nuestros ideales deben encarnarse no sólo en ismos, sino en nuestros hábitos».[46]

---

[44] José Medina, *op. cit.*, pp. 152-153.

[45] Cfr. Joshua Greene, *op. cit.*, pp. 347-353.

[46] *Ibid.*, p. 350.

6. Conclusiones

El presente trabajo tenía como objetivo graduar dos de los aportes de Greene en *Moral Tribes*. En primer lugar, me centré en la descripción del autor de la tragedia de la moral del sentido común, para afirmar que, aunque hay una distinción irremediable entre «nosotros» y «ellos», esta no es un abismo trágico. En segundo lugar, consideré su intento de corregir la tragedia mencionada a partir de una metaética utilitarista que nos permita cooperar. Entonces, propuse un añadido: la inclusión de un punto de vista contextualista para enfrentar desacuerdos profundos entre tribus.

Las explicaciones causales, que nos adjudican propiedades morales grupales o individuales de modo esencial porque han sido causadas por la presencia de tales rasgos en el pasado evolutivo de la especie, no pueden dar cuenta de un asunto clave de nuestro comportamiento moral. Este aspecto tiene que ver con su normatividad. Además, no todo es para mejor, no nos adaptamos para sobrevivir. Los humanos de ahora no somos así y este modelo explicativo resulta un tanto escaso para explicar nuestros comportamientos. Nuestros comportamientos morales no son siempre los que nos permiten adaptarnos mejor. Pienso que explicar las causas, la ontogenética, no es lo mismo que explicar el empleo normativizado. Tal vez la tragedia que nos divide a «nosotros» de «ellos» no es tan trágica desde un inicio si, como digo, no la describimos en términos exclusivamente naturalistas para luego interponer una respuesta normativa como una instancia posterior y separada.

Creo que las descripciones de Wittgenstein de las formas de vida son más flexibles en cuanto a la posibilidad de incluir aspectos normativos sin por eso concebirlos de un modo *a priori* o platonista, además de contener la posibilidad de cambios en aquellas configuraciones automáticas o reactivas que delinean nuestra moralidad. Conjuntamente, este «modo automático» wittgensteiniano está conformado también por aspectos normativos propios de la forma de vida en la que participo y no responde a disposiciones exclusivamente cerebrales y emocionales. La idea de Wittgenstein es que seguimos reglas grupales no a pesar de nuestro propio interés sino porque no podemos distinguirnos de dichas normas de acción. Este modo de ser comunitario que es nuestra forma de vida y que nos define a «nosotros» y nos diferencia de «otros» es factible de ser modificado lenta y progresivamente, contando para ello con los contextos adecuados que nos permitan realizar esta tarea de revisión de los cimientos. Como dije, creo que Greene está más interesado en ver aquello que nos separa que aquello que nos une a los otros, pero, desde una perspectiva wittgensteiniana, estos límites son acaso más elásticos y factibles de modificación.

Acuerdo con Greene en que debemos generar herramientas que nos permitan emprender la tarea de cooperar entre tribus. Aún más, considero que el pragmatismo es una acción correctiva útil y que hacer lo que sea que funcione mejor es una idea espléndida a la cual podemos aceptar someternos las tribus. Para ello debemos contar con una herramienta contextualista, desde mi punto de vista, dado que contextos diferentes pueden habilitar estas posibilidades de modificar las certezas que componen cada tribu. Esto implica, fundamentalmente, generar contextos de prácticas alternativas, más plurales y diversas, ya que la sola apelación a razones no resulta tan efectiva en relación entre desacuerdos profundos intertribales. Esta idea no es una solución definitiva para el problema de la comprensión intercultural. Pero me parece un buen lugar por donde comenzar.

Referencias bibliográficas

BOLTON, Derek, «Life-form and Idealism». En VESEY, Godfrey (ed.), *Idealism Past and Present.* Cambridge: Cambridge U. P., 1982, pp. 269-284.

GREENE, Joshua, *Moral Tribes. Emotion, Reason, and the Gap Between Us and Them.* London: Atlantic Books, 2015.

ICHIKAWA, Jonathan, *Contextualizing Knowledge.* Oxford: Oxford U.P., 2017.

LARIGUET, Guillermo. «¿Cómo es posible justificar moralmente el aborto?». *Erasmus. Revista para el diálogo intercultural* [Río Cuarto], año 14, número 1, 2012, pp. 23-30.

MEDINA, José, *The Unity of Wittgenstein's Philosophy: Necessity, Intelligibility, and Normativity.* Albany: State University of New York Press, 2002.

MOYAL-SHARROCK, Daniele, *Understanding Wittgenstein's «On Certainty».* Londres: Palgrave Macmillan, 2004.

NAGEL, Thomas, «You Can't Learn About Morality from Brain Scans: The problem with moral psychology». *New Republic.* Retrieved November 24, 2013. Disponible en: https://newrepublic.com/article/115279/joshua-greenes-moral-tribes-reviewed-thomas-nagel [última consulta: 02/08/2023].

PRICE, Anthony, *Contextuality in Practical Reason.* Oxford: Oxford University Press, 2008.

WILLIAMS, Bernard, «Wittgenstein and Idealism». En *Moral luck. Philosophical Papers 1973-1980.* Cambridge: Cambridge University Press, 1981, pp. 144-164.

WILLIAMS, Michael, *Unnatural Doubts: Epistemological Realism and the Basis of Skepticism.* Oxford: Oxford U.P., 1991, pp. 108-109.

WILLIAMS, Michael, «Contextualism, Externalism and Epistemic Standards», *Philosophical Studies,* vol. 103, 2001, pp. 1-23.

WITTGENSTEIN, Ludwig, *On Certainty.* Ed. Gertrude E. M. Anscombe y Georg H. von Wright. Trad. Denis Paul y Gertrude E. M. Anscombe. Oxford: Blackwell, 1969.

WITTGENSTEIN, Ludwig, *Lectures on the Foundations of Mathematics.* Editado por Cora Diamond. Chicago: University of Chicago Press, 1989

WITTGENSTEIN, Ludwig, *Philosophical Investigations.* Ed. Peter Hacker y Joachim Schulte. Trad. Gertrude Anscombe, Peter Hacker y Joachim Schulte. Chichester: Wiley Blackwell, 2009.

WITTGENSTEIN, Ludwig, *Zettel.* Edición bilingüe. Trad. Isidoro Reguera. Madrid: Gredos, 2009.

María Sol YUAN

LAS TRIBUS DE GREENE Y LA INDISTINCIÓN ENTRE LO MORAL Y LO POLÍTICO

Guillermo LARIGUET

CIJS, UNC, CONICET (Argentina)
ORCID: 0000-0002-3737-5688
gclariguet@gmail.com

E. Joaquín SUÁREZ-RUÍZ

UNLP, CONICET (Argentina)
ORCID: 0000-0002-0299-8893
ejsuarezruiz@gmail.com
DOI: 10.60940/comprendrev27n1id432838

Article rebut: 20/03/2023
Article acceptat: 19/09/2023

Resumen

Moral Tribes, de Joshua Greene (2013), propone dos tareas complementarias: por un lado, desacreditar argumentos filosóficos clásicos en el ámbito moral y político (p. ej., de Kant o de Rawls); por otro lado, ofrecer argumentos constructivos desde un utilitarismo, articulado como un pragmatismo profundo, que permite dar cuenta de los conflictos del vínculo Nosotros-Ellos y, a su vez, propugnar soluciones en términos de una «metamoral» superadora. En este trabajo nos detendremos en una dificultad de su propuesta: la no adecuada distinción entre lo moral y lo político a la hora de caracterizar los problemas-ejemplos propuestos. Argumentaremos que un concepto de «metapolítica», en complementariedad con el concepto de «metamoral», permitiría zanjar de manera más efectiva dicha dificultad.

Palabras clave: tribus morales, utilitarismo, deontología, velo de la ignorancia, metamoral, metapolítica.

The tribes of Green and the non-distinction between Moral and Politics

Abstract

Moral Tribes, by Joshua Greene (2013), proposes two complementary tasks: on the one hand, to discredit classical philosophical arguments in the moral and political sphere (eg, from Kant or Rawls); on the other hand, to offer constructive arguments from a utilitarianism, articulated as a deep pragmatism, which allows us to account for the conflicts of the Us-Them link and, in turn, advocate solutions in terms of an overcoming 'metamoral'. In this work we will dwell on a difficulty of his proposal: the inadequate distinction between the moral and the political when characterizing the problems-examples proposed. We will argue that a concept of 'metapolitics', in complementarity with the concept of 'metamoral', would make it possible to resolve this difficulty more effectively.

Key words: moral tribes, utilitarianism, deontology, veil of ignorance, metamoral, metapolitics.

1. Introducción

Moral Tribes, de Joshua Greene,[1] es una obra que se propone, a la vez, dos tareas que pueden reconstruirse como complementarias: por un lado, desacreditar argumentos filosóficos clásicos, en el ámbito principalmente moral y político, basados en un estilo normativo y conceptual característico como es, por ejemplo, el que se da en autores deontologistas tales como Kant o Rawls; por otro lado, desea ofrecer argumentos constructivos para considerar que un utilitarismo inteligente, articulado en un pragmatismo profundo,[2] está en mejores condiciones comparativas, que sus recién mencionados oponentes deontologistas, para dar cuenta de los conflictos del vínculo Yo-Nosotros y, especialmente, del Nosotros-Ellos, a la vez que propugnar la solución presumiblemente más adecuada de tales conflictos, en términos de una «metamoral» superadora.

Efectivamente, la obra de Greene, inspirada por claves interpretativas que pueden resumirse en una ética evolutiva de tipo posdarwiniano, se propugna como una intrépida tarea de desmontar la selva filosófica —tupida y clásica— de autores que, como Kant o Rawls, admiten un análisis conceptual y normativo autónomo respecto de explicaciones evolutivas con un anclaje naturalista tan decidido como el de Greene.

[1] Cfr. Joshua Greene, *Moral Tribes*. Nueva York: Penguin Press, 2013.

[2] Cfr. *Ibid.*, p. 293.

De los múltiples aspectos que esta obra expresa, aquí nos vamos a centrar en uno de los nudos cruciales de la misma: el conflicto —dado de manera descollante— que media respecto de diversas tribus «morales», a saber, el vínculo «Nosotros-Ellos».[3] El dato mismo de que el libro se titule con el predicado «morales» que acompaña al sustantivo «tribus», así como que la solución a tales conflictos sea solventada con la sustancia de una «metamoral», sugiere la pista de la clase de problema que queremos tratar en este artículo, a saber, una no adecuada distinción conceptual entre lo moral y lo político para abordar la naturaleza de los ejemplos conflictivos puestos por el propio autor. Tal falta de adecuada distinción no es un tema meramente baladí o frívolo, por cuanto va a generar, como mostraremos, dos distorsiones considerables y relevantes:

(1) el que varios de los ejemplos recurrentes de la obra, así como de las perspectivas usadas por Greene para examinarlos, por momentos basculan sin transición, o confunden, lo político con lo moral;

(2) que esta confusión categorial impacta en un tema también de amplio calado, a saber, la solución pragmatista-utilitarista global profunda defendida por Greene para lidiar con tales conflictos.

Ambas distorsiones poseen consecuencias problemáticas en términos de análisis filosófico; distorsiones que probablemente sean efectos colaterales de una obra que se brinda como una empresa radicalmente disolvente de deontologistas clásicos como los enunciados anteriormente. Y, como suele suceder con toda propuesta radicalmente disolvente, su inercia destructiva, respecto de las referidas perspectivas conceptuales-normativas y deontologistas clásicas, debe ser francamente matizada con distinciones filosóficas que nos permitan analizar con detenimiento los asuntos perentorios en juego: el conflicto entre Nosotros-Ellos y la mentada solución planteada por Greene en términos «metamorales».

En lo que sigue, para apreciar los detalles problemáticos del asunto trazado, haremos lo siguiente: en primer lugar (**sección 2**), necesitaremos reconstruir cómo formula Greene la naturaleza de los conflictos entre sus tribus morales y cómo esta caracterización de su autoría —ya «moralizada» en un sentido que luego descularemos— conlleva para él una solución de tipo metamoral. Como hemos adelantado, la caracterización de varios de sus ejemplos en la obra, así como de algunas categorías que él mismo desliza para ofrecer una solución de los conflictos que le interesan, responde a una injustificada sobrecarga moralizante que, además de distorsionar el estatus de varios conflictos, arrastra una riesgosa consecuencia opuesta a la esperada por Greene, a saber, que tales conflictos no sean resolubles como él cree, sino prácticamente intratables e insolubles.

[3] Un clásico en estilo «ensayístico», en clave etnográfica, filosófica, literaria, es: Tzvetan Todorov, *Nosotros y los otros: reflexión sobre la diversidad humana.* Madrid: Siglo XXI, 1991.

A continuación (**sección 3**), a partir de la delimitación conceptual anterior, vamos a mostrar por qué la propuesta metamoral de Greene adolece de problemas que ya vienen esbozados en la sección anterior. Los problemas que la obra de Greene expone a discusión son varios, como toda investigación enjundiosa suele involucrar, pues, algunos son quizás de orden metafísico (por caso, el referido al estatus de los hechos morales),[4] otros de orden epistemológico (su perspectiva naturalista de la ética), y otros de orden conceptual y normativo, que son los que aquí empezaremos a indicar a continuación. Son estos últimos los problemas en los que, mayormente, nosotros habremos de concentrarnos.[5]

Los problemas de orden conceptual-normativo que encontramos en Greene, y cuya naturaleza elucidaremos oportunamente, requieren de, al menos, una gran distinción previa ya esbozada más arriba, entre lo que podríamos llamar (1) el problema gordiano y (2) los problemas de detalle inmiscuidos en el problema gordiano. El problema gordiano en el que nos detendremos en este trabajo refiere, justamente, a resaltar la no adecuada distinción entre lo moral y lo político —en la obra de Greene— a la hora de caracterizar los problemas-ejemplos propuestos, así como subrayar la dificultad seria que identificamos en la solución que él diseña para los mismos; todo lo cual, como trataremos de argumentar, nos enrostra con importantes perturbaciones filosóficas que, desde la calma conceptual, hay que estabilizar por medio de un análisis en cierta medida contrastante, pero a su vez complementario al del filósofo.

En el detalle de este problema más amplio, hay problemas específicos que de modo analítico o, si prefiere, cartesiano, nos permitirán ir mostrando en pequeñas escalas el problema gordiano de la no distinción entre lo moral y lo político; algunos de estos problemas son la cuestión del monismo versus pluralismo de valores implicado en la propuesta de Greene (**sección 3.1**) y la caracterización en ocasiones fantasmática del tipo de deontologismo al que se comprometería Rawls y de sus aparentes consecuencias lógicas —por ejemplo en la lectura greeneana del tema de los «derechos»— que devendrían, a su tiempo, de una hermenéutica –algo rudimentaria en lo conceptual, a nuestro modo de ver— de la obra de Rawls (**sección 3.2**).

A lo recién mencionado cabría agregar un punto importante en el que haremos énfasis: el posible error de Greene, y ahora pedimos prestada en forma laxa la idea a Rawls, de descorrer el «velo de la ignorancia» a la hora de dirimir la solución práctica

[4] Greene es un antirrealista moral desde su tesis doctoral. Cfr. Joshua Greene, *The terrible, horrible, no good, very bad truth about morality and what to do about it.* New Jersey: Princeton University, 2002. Otros filósofos como Deem, en cambio, argumentan en favor de cierta compatibilidad conceptual entre explicaciones posdarwinianas/naturalistas y versiones normativas del realismo moral. Cfr. Michael Deem, «Dehorning the Darwinian dilemma for normative realism». *Biology & Philosophy* [Berlin], 31, 2016, pp. 727-746.

[5] Aunque, si fuera preciso, de modo más marginal, introduciremos alguna referencia puntual a algunos de los restantes problemas mencionados, cuando ello ayude a clarificar y fortalecer nuestra posición más general en torno al problema que delimitamos en el cuerpo principal del texto.

de nuestros problemas políticos entre tribus, esto es, de desnudar olímpicamente las «verdades» sobre nuestra constitución neurobiológica, sin parar mientes en que tales «verdades» pueden, al revés de lo anhelado por Greene, obturar soluciones practicables para varios de los conflictos que a él le importan (**sección 3.3**). A su vez, podría recaerse en una insuficiente caracterización de la «metamoral» que, asimismo, y esto añade más leña al fuego, no logra abarcar la complejidad «política», repetimos, de varios problemas que él aborda y que sugieren enérgicamente hablar por lo menos también de lo que llamaremos «metapolítica» (**sección 3.4**), cuya catadura conceptual esbozaremos someramente cuando sea requerido en nuestro trabajo. Finalmente (**sección 4**), efectuaremos una recapitulación de algunos de los principales pasos dados en nuestra propuesta de análisis.

2. Greene y la moralidad como piedra de toque: tribus «morales», conflictos «morales», soluciones «metamorales»

Greene construye su propuesta teórica con una materia específica, pero también con un estilo —literario, si se puede decir— también peculiar. Parte de esta peculiaridad se debe a su perspectiva naturalista implicada en *Moral Tribes*. Dicha perspectiva podría reconstruirse a partir de dos claves de lectura que, aunque relacionadas, conviene diferenciar: una que podríamos llamar «metafilosófica» y otra «sustantiva». En primer lugar, siguiendo a Laura Danón, el «naturalismo metafilosófico» podría entenderse como:

> (…) una posición filosófica con respecto a cuál es el estatus de la filosofía como disciplina, qué tipo de verdades produce, qué métodos debe emplear y qué tipo de vínculos ha de mantener con las disciplinas científicas. En este segundo sentido, ser un naturalista involucra reconcebir de un modo radical las relaciones entre filosofía y ciencia. El naturalismo metafilosófico se opone a un modo tradicional o canónico de entender la filosofía, de acuerdo con el cual esta es una disciplina que se distingue nítidamente de la ciencia por presentar una serie de rasgos distintivos y exclusivos.[6]

La filosofía de Greene, por tanto, supone una crítica a la delimitación tradicional entre filosofía, por un lado, y ciencias, por otro. Según el filósofo norteamericano, los límites entre ambas son sumamente difusos. Más bien, se trataría de una diferencia de grado.[7]

---

[6] Laura Danón, «Análisis conceptual para filósofos naturalistas». En Guillermo Lariguet, *La urdimbre de la razón. Ensayos de filosofía teórica y práctica contemporáneos*. Mar del Plata: Kazak, 2017, p. 13.

[7] Para ahondar en las características del naturalismo metafilosófico, véase Antonio Diéguez, «Delimitación y defensa del naturalismo metodológico (en la ciencia y en la filosofía)». En Raúl Gutiérrez-Lombardo y José Sanmartín (eds.), *La filosofía desde la ciencia*. Ciudad de México: Centro de Estudios Filosóficos, Políticos y Sociales Vicente Lom-

En segundo lugar, lo que calificamos como la postura «sustantiva» da lugar a un tipo de naturalismo que define lo moral en los términos más bien empíricos de una perspectiva evolutiva posdarwiniana.[8] A grandes rasgos, esta consiste en una explicitación de lo que denomina como «crisis de la moralidad del sentido común», moralidad según la cual sería posible dar lugar a una ética imparcial. La raíz de esta crisis se encontraría en el hecho de que gran parte de la tradición normativa de la ética desestimó las características evolutivas de la moral. A la luz de un enfoque evolutivo de la moralidad, el núcleo problemático no es tanto el vínculo Yo-Nosotros, garantizado por las relaciones cooperativas que favorecen la supervivencia individual (esta sería la «moralidad de sentido común»), sino el vínculo Nosotros-Ellos, es decir, el que compete a las «tribus morales». Este marco evolutivo posee, a su vez, un respaldo de tipo neurocientífico.[9] Dicho respaldo nos permite ingresar al núcleo sustantivo de la postura naturalista que Greene mantiene con respecto a la moral. En contraste con la tradición normativa de la ética,[10] a la que referimos líneas atrás, el filósofo norteamericano propondrá como líneas maestras de lectura de decisiones morales adoptadas en contextos dilemáticos (*v. g.*, dilema del tranvía y dilema del puente peatonal),[11] unas que evitan caer en las ilusiones normativas o racionalizaciones en las que incurrirían filósofos como Kant o Rawls, objetivos centrales de la crítica del filósofo.

Ahora bien, la materia en cuestión, a saber, la moral en clave naturalizada, está conformada básicamente por un punto de vista predominantemente moralizado. Por tal motivo, él habla de tribus que son «morales», mientras que sus ejemplos de conflicto y/o desacuerdo suelen ser tildados por él mismo de «morales» y su solución última es, por tanto, calificada de «meta-moral». Esta dominancia de lo moral repercutirá en varios niveles, uno de los cuales, como mostraremos en la próxima subsección, conduce a un tipo de monismo del valor moral cuyas consecuencias habrá que evaluar para determinar si la solución a los ejemplos de conflicto puede anticiparse filosóficamente

bardo Toledano, 2014, pp. 21-49; Rodrigo López-Orellana y E. Joaquín Suárez-Ruíz (eds.), *Filosofía posdarwiniana. Enfoques actuales sobre la intersección entre análisis epistemológico y naturalismo filosófico*. Londres: College Publications, 2021. Respecto de la naturalización de lo moral y lo político, en particular, véase Michael Tomasello, *A natural history of human morality*. Londres: Harvard University Press, 2016.

[8] Para continuar con la lectura sobre los distintos tipos de naturalismo ético, véase Martín Daguerre, «Naturalismo ético». En Guillermo Lariguet, María Sol Yuan y Nicolás Alles, *La metaética puesta a punto*. Santa Fe: Universidad Nacional del Litoral, 2023, pp. 22-49.

[9] Cfr. Joshua Greene, *Moral Tribes*, *op. cit.*, p. 118. La moral del sentido común se vincularía con procesos más emocionales que racionales, relacionados con la corteza prefrontal ventromedial, y la meta-moral superadora se relacionaría con la corteza prefrontal dorsolateral, sede de las funciones ejecutivas y la toma de decisiones más «racionales», propias de un criterio ético utilitarista. Cfr. *id.*

[10] Por tradición normativa de la ética queremos decir simplemente aquella que pone mucho énfasis en dos juegos de distinciones: por un lado, entre proposiciones morales descriptivas y normativas y, por el otro, entre un análisis conceptual estricto de los términos éticos respecto de un análisis empírico de los mismos.

[11] Cfr. *Id.*, p. 113.

como razonablemente eficaz en los propios términos de su autor. Como hemos sugerido al comienzo, la respuesta a esta anticipación será negativa de nuestra parte.

En rigor, a lo largo de la obra, se desgranan muy «diversos» ejemplos de conflictos tribales que, no obstante su diferente hechura, estarían anudados por una comprensión de que los mismos tienen, ante todo, un estatus de orden moral. Y, por tanto, reclaman una solución metamoral.[12] «Meta» porque se trata de resolver, a nivel global, conflictos «entre tribus», esto es, propios del vínculo Nosotros-Ellos.[13] Y no prioritariamente ya conflictos al interior de tribus, como los típicos del vínculo Yo-Nosotros.[14]

Los ejemplos, como decimos, son diversos y, por esto, encontraremos en la citada obra referencias variopintas. Sirva como muestra de lo afirmado los siguientes casos de conflictos: los surgidos a raíz del debate sobre el seguro de salud americano que propició en su época Obama (el *Obamacare*),[15] o bien la inclusión de temas como el cambio climático,[16] también el aborto,[17] el estatus de la acción afirmativa,[18] la pena de muerte,[19] la muerte de civiles en la guerra,[20] el problema del hambre extrema,[21] etc. A su vez, se pone en explícita evidencia la basculación lexical de Greene cuando, al urgir modos de superar estos conflictos, invita a sus lectores a dejar a un lado las perspectivas «morales» de los sujetos que están en conflicto y otras en que cambia su lenguaje para insistirnos en abandonar nuestras perspectivas «ideológicas» sobre ciertos asuntos.[22]

Nos parece muy claro, aunque esto no necesariamente vale para Greene, que «moral» e «ideológico» son categorías analíticamente diferenciables. Amén del hecho importante que esta oscilación discursiva elocuentemente supone un error categorial, a saber, se mezclan, en el mismo esquema de reflexión, conflictos como los que surgen de discutir si el seguro de salud debe ser obligatorio u opcional con aquellos relacionados con la pena de muerte. Mientras en un caso, como el primero, parece relativamente congruente hablar de ideologías (Greene habla de liberales y socialistas, por ejemplo), no parece muy claro referir linealmente a ideologías cuando hablamos de tópicos

[12] Cfr. *Id.*, p. 148.

[13] Cfr. *Id.*, p. 293.

[14] No prestando suficiente atención, de este modo, al hecho de que lo que llamamos convencionalmente el «yo» también puede experimentar divisiones o batallas internas.

[15] Cfr. *Id.*, p. 6.

[16] Cfr. *Id.*, p. 91.

[17] Cfr. *Id.*, p. 11.

[18] Cfr. *Id.*, p. 116.

[19] Cfr. *Id.*

[20] Cfr. *Id.*, p. 206.

[21] Cfr. *Id.*, p. 168.

[22] Cfr. *Id.*, p. 385, nota 333.

como la pena de muerte. Y no es que no se pueda hacer tal cosa, sino que resulta poco preciso hacerlo sin precisiones urgentes concomitantes.

A esto último se suman tres hechos que Greene, respecto de sus ejemplos, pasa por alto. En primer lugar, que parece usar expresiones como «liberalismo» o «socialismo» a veces en sentido filosófico, como cuando critica ácidamente a Rawls, y otras en sentido político-militante como cuando cita, por ejemplo, a políticos conservadores que utilizan la expresión «socialismo» o «comunismo» en sentido emotivo simplemente para hacer algo habitual en el campo político que es descalificar a los oponentes de cierta postura, por caso, que el seguro de salud sea obligatorio y no meramente opcional (dicha mención ya da cuenta de cierto tipo de compromiso ideológico). En segundo lugar, otro hecho importante es que no es baladí transitar —sin solución de continuidad— por expresiones tales como perspectivas «morales» o «ideológicas» sin más. Pues las últimas, de modo más claro, evocan una discusión prioritariamente política antes que moral, lo cual no significa defender, de nuestra parte, que ciertos conflictos ideológicos no admitan lecturas también morales. Finalmente, en tercer lugar, se encuentra el hecho de que solo una mirada algo apresuradamente moralizante evocaría, sin más, que el «método» (metamoral) de solución consista en que dejemos a un lado aquello precisamente que nos constituye como sujetos políticos en un espacio plural de debate, por ejemplo, que dejemos ser, digamos, liberales, o bien socialistas. Y quizás lo mismo quepa extrañamente para el dominio de la moral: suena por lo menos lineal y simplista decirle a una feminista, o bien a un católico o un evangélico, que dejen ser tales, si quieren posicionarse en temas como el aborto o la pena de muerte. Esto no se puede hacer filosóficamente de modo fino, a menos que, claro, sustentemos premisas explícitas adicionales, por caso, que defiendan tesituras expresas sobre la continuidad o discontinuidad entre el ámbito político y moral, o entre lo privado y lo público, o entre las experiencias del yo o la identidad personal y experiencias de la comunidad o la identidad política colectiva. Ninguna de estas premisas es exactamente explícita en la obra de Greene. De allí que gran parte de sus argumentos en favor de una metamoral son *entimemáticos*.

Lo reconstruido hasta ahora sobre el pensamiento específico de Greene permite explicarnos su tránsito teórico al puerto de llegada en que la solución para los conflictos intertribales sea asumida en términos «morales» globales, lo cual nuevamente, desde el punto de vista de varios de los conflictos involucrados, constituiría un error categorial (la confusión entre lo moral y lo político) con consecuencias prácticas adversas para el deseo de solución de su autor. Pues, concretamente, que un conflicto tenga rasgos acusadamente políticos podría ayudar a su razonable solución, pero, en cambio, que tal conflicto sea forzado conceptualmente al ámbito de lo moral (o, brevemente, «moralizado»), puede implicar que el mismo no pueda resolverse razonablemente. Más bien, puede ocurrir todo lo contrario. Esencialmente, cuando moralizamos ciertos conflictos y pensamos que el otro está equivocado porque es malo y nosotros estamos en lo cierto porque somos buenos, producimos el efecto de estar (quizás demasiado) lejos de poder lograr lo que Greene quiere: resolver correcta y razonablemente tales conflictos.

A esto debemos agregar un aspecto muy importante: propugnar soluciones metamorales para muchos conflictos entre tribus, pensemos ahora en el ejemplo del cambio climático al que acude varias veces Greene, puede ser lisa y llanamente una equivocación filosófica. Esto debido a que olvida que dichos conflictos requieren de una discusión compleja y sofisticada en términos, si se prefiere, y tampoco esto puede decirse sin matices, de una solución «metapolítica», no de una rígidamente metamoral[23]. Esto es, una solución que demande métodos y estilos de cooperación que requieren de instrumentos analíticos diferentes de los que usa Greene, y que permitirían sugerir vías para diseñar conceptualmente una *metapolítica* tales como, lo decimos a título de ejemplo, apelar a un debate sobre las posibilidades, límites, etc., de áreas como la «democracia cosmopolita»;[24] el «derecho global»,[25] el «derecho de gentes»,[26] etc. Es decir, un tópico como el cambio climático exige pensar en categorías como las enunciadas, del mismo modo que discutir sobre el seguro de salud exige también de teoría política de los derechos, teoría económica, etc. La neurobiología y el abordaje evolutivo de la moral podrán explicar algunas de las causas de nuestras desavenencias en tales materias, pero dudamos que, en lo tocante a lo normativo, sean condición suficiente para resolver desacuerdos y/o conflictos de esta clase.

Ya debería comenzar a ser notorio que la vía escogida por Greene, que deja a un lado a la filosofía política y enfatiza nuestras raíces neurobiológicas/evolutivas, corre el riesgo de olvidar la articulación compleja de tópicos conceptuales y normativos de la filosofía práctica y/o no prestar buena atención a disciplinas complementarias como la historia política internacional o la teoría económica. De ser así, el meollo central de Greene no podría ser resuelto de manera efectiva, pues los conflictos entre tribus ni son puramente morales, ni se limitan a la dimensión empírica-neurobiológica, ni tampoco pueden proponerse soluciones holísticas —sin emplear más ahínco filosófico y con matices de tipo conceptual— a partir de los términos puramente morales del utilitaris-

[23] Y los matices urgentes vendrán de la mano de darse cuenta que temas como las soberanías estatales, amén de muchas otras complejidades de detalle, torna, por lo menos ingenuo y simplista, referir a soluciones esquemáticamente metamorales.

[24] Cfr. David Held, *Democracy and the global order: From the modern state to cosmopolitan governance*. Redwood City: Stanford University Press, 1995; Cfr. Robert Hayden, «Democracy" without a demos? The Bosnian constitutional experiment and the Intentional construction of nonfunctioning states». *East European Politics and Societies* [Thousand Oaks, California], 19 (2), 2005, pp. 226-259.

[25] Cfr. Ángel A. Jiménez Alemán, «Derecho global». *Eunomía. Revista en Cultura de la Legalidad* [Madrid], 11, 2016, pp. 237-245.

[26] Cfr. John Rawls, «Justice as fairness: political not metaphysical». En Freeman, Samuel Richard (ed.), *Collected Papers*. Cambridge: Harvard University Press, 1999, pp. 388-414.

mo inteligente o del pragmatismo profundo.[27] Para ahondar en tópicos como los mencionados más arriba se requieren muchas otras piezas. En definitiva, consideramos que de la confusión gordiana entre el ámbito político y moral no puede salir algo conceptualmente bueno. Profundizaremos en ello en el próximo apartado.

3. El problema gordiano en *Moral Tribes*: la indistinción entre lo político y lo moral

La luz puesta por Greene en el punto moral, es decir, en los conflictos intertribales (el vínculo «Nosotros-Ellos»), así como también en que la solución a tales conflictos repose en una «metamoral», aunque tiene la potencia de iluminar el área moral, conlleva un alto precio: quizás esta luz sea tan fuerte que nos ciegue, por momentos, perdamos de vista que muchos conflictos ejemplificados por Greene, o bien son de tipo político, o bien, aunque se incorpore al examen de tales conflictos una faceta peculiarmente moral, ello no erradica aspectos políticos a considerar.

Dejando deliberadamente a un lado otros problemas interesantes que *Moral Tribes* suscita, como aquellos que enunciamos al comienzo del trabajo y que responden a tópicos de orden metafísico, metaético o epistémico, aquí, como sostuvimos, nos detenemos en un problema gordiano en particular: la no adecuada distinción entre lo político y lo moral. Temas como el seguro de salud obligatorio u opcional, o el cambio climático, para volver acaso por un instante a los ejemplos introducidos por el propio Greene, reclaman métodos, esquemas y perspectivas propiamente políticas, y no pura o linealmente un enfoque moral, so riesgo de alejarnos de los problemas y sus posibles soluciones. Y hablando de soluciones, aunque aquí no podremos demorarnos en el asunto, el hecho de que Greene emplee a lo largo de su texto las metáforas de la «tragedia de los comunes» (*tragedy of the commons*, retomada de Hardin) y la «tragedia de la moral del sentido común» (*tragedy of common sense morality*, de su cosecha propia) para referir a los atolladeros que se activan en los conflictos, nos hace sospechar acerca de que su idea misma de solución correcta, o razonable, de tales conflictos resulte, desde el punto de vista de sus propios términos conceptuales, auto-contradictoria.[28] Pues, por definición, lo trágico repele cualquier posibilidad auténtica de solución correcta o razonable.[29] Sin embargo, este punto es incidental y no debe hacernos perder la cuenta.

[27] Cfr. Joshua Greene, *Moral Tribes, op. cit.*, p. 289.

[28] Cfr. *Id.*, p. 19; Cfr. Garrett Hardin, «The Tragedy of the Commons». *Science* [Washington], 162, 1968, pp. 1243-1248.

[29] Cfr. Guillermo Lariguet, *Dilemas y conflictos trágicos. Una investigación conceptual.* Lima-Bogotá: Palestra-Temis, 2008.

En lo que sigue vamos a descomponer cartesianamente el problema gordiano, repetimos, la no adecuada —y urgente, añadamos— distinción entre el ámbito político y el moral a la hora de hablar de conflictos y soluciones. Para ver algo más en detalle el problema, en 3.1 vamos a sostener que Greene asume una forma de monismo moral que irrita sus oportunidades de solución de los conflictos que le interesan; en 3.2 vamos a subrayar que la estrategia de Greene consistente en desvelar las raíces neurobiológicas de la conducta moral (recordemos que él lo político lo ve con la lente moral), lejos de ayudarlo en el sentido práctico de resolver los conflictos que le importan, lo ponen lejos de esta oportunidad. Y por esto, quizás, uno de sus adversarios en *Moral Tribes*, Rawls, tenga más razón en mantener cierto velo de la ignorancia. Finalmente, en modo más constructivo, esbozaremos una propuesta de mejora que consista en hablar de «metapolítica» y no solo, o no especialmente siempre, de «metamoral». Decimos que será un esbozo porque los detalles más específicos de tal sugerencia exigen un trabajo pormenorizado independiente de este.

3.1. El monismo-pluralismo moral en la base de la sobrecarga de moralización de los conflictos

Para señalarlo de manera detallada, existen dos grandes posturas con respecto a cómo se organizan los valores de tipo práctico, esto es, morales, políticos, jurídicos.[30] Una es el pluralismo, que sostiene que: i) hay diversas clases de valores; ii) estos valores pueden entrar en conflictos serios; iii) ocasionalmente algunas soluciones a tales conflictos pueden reportar una pérdida, es decir, que no pueda evitarse que un valor importante sea dejado a un lado. Justamente, el punto iii) delinea parte del concepto de conflicto trágico que tiene que ver con la idea de pérdida de un valor importante y de mal inevitable, ambos puntos evaporados, como sugerimos más atrás, con el empleo del vocablo «tragedia» con que Greene acompaña los sustantivos «comunes» y «sentido común», respectivamente.[31]

Por contraste, el monismo sustenta que: i) aunque haya diversas clases de valores, uno es el valor de valores, o el valor entre valores; ii) que los conflictos entre estos diversos valores, al haber un valor entre valores o súper valor, por tanto, pueden resolverse por lo general siempre y en forma correcta o razonable y, finalmente, iii) que no hay significativa pérdida en un valor importante, a la hora de solucionar conflictos. Desde luego, como toda presentación general como esta puede asumir, hay otras alternativas intermedias; sin embargo, a nuestros fines, con esta esquematización basta.

[30] Cfr. Guillermo Lariguet, «Las tensiones internas del pluralismo moral». *Isegoría* [Madrid], 44, 2011, pp. 161-184.

[31] Cfr. Guillermo Lariguet, *Dilemas y conflictos trágicos. Una investigación conceptual, op. cit.*

Resulta bastante natural meditar en que, en general e incluso con posibles contraejemplos, los utilitaristas como Greene son monistas y los deontologistas como Rawls o también, por caso, Nagel,[32] son pluralistas con todos los matices o predicados especificadores que cada una de las posturas, por supuesto, puedan recibir apropiadamente. Evidentemente, Greene sería un utilitarista que cabe evaluar con los mencionados matices. Esto porque, en primer lugar, se preocupa por distinguir «utilidad» de «bienestar» o por defender un concepto de «utilidad» que involucra bienes cualitativos como el placer estético o el disfrute de la amistad (con cierto aire de familia, nos parece, a Mill).[33] En segundo lugar, porque tampoco cree que un utilitarista ordinario, las «personas de a pie», deban autocomprenderse como «máquinas calculadoras» de cantidades de felicidad general en cada decisión cotidiana que adopten.[34] En tercer lugar, porque, al contestar las objeciones clásicas contra el utilitarismo (especialmente el que suele llamarse de «actos»),[35] defiende expresamente, después de todo, que el utilitarismo informado por evidencias neurobiológicas (y esto lo distingue de otros utilitaristas más normativos como Mill o incluso de utilitaristas que son realistas morales), es la clave de bóveda de solución de los conflictos más acuciantes entre tribus.[36]

Asuma o no Greene una métrica más estricta, o más laxa, para solucionar estos conflictos, lo cierto es que su propuesta pretende satisfacer dos desideratas: el primero es que su propuesta sea asumida en términos de «de segundo orden», lo cual da cuenta del prefijo «meta» empleado por él; el segundo es que, inclusive en este plano recursivo de segundo orden, el mismo siga reputándose de «moral» (de allí «metamoral»). Así las cosas, Greene defiende una metamoral que, además, se inviste como superadora de los recalcitrantes desacuerdos partisanos[37] entre la gente dividida por opiniones en lo concerniente a temas como, por ejemplo, si el seguro de salud debe ser obligatorio o no, más todas las otras implicancias que —asumidas o no por Greene y sus lectores— hay en debates de esta índole.

Encontramos aquí dos dificultades serias. Respecto del primer punto, cabe dudar que su prefijo «meta» le garantice lo que él busca, a saber, «neutralidad» respecto de las

[32] Cfr. Thomas Nagel, «The Fragmentation of Value». En Thomas Nagel, *Mortal Questions*. Cambridge: Cambridge University Press, 1979, pp. 13.

[33] Cfr. Joshua Greene, *Moral Tribes*, *op. cit.*, p. 161 y p. 280.

[34] Cfr. *Id.*, p. 107.

[35] Esto es, que, por ejemplo, un utilitarista admitiría que un inocente sea asesinado por una turba si con eso se pacifica un país; para Greene estas son acusaciones «fantasiosas», ya que un utilitarista de carne y hueso no permitiría en sus razonamientos esto. Cfr. *Id.*, p. 270.

[36] Soluciones que para Greene hunden sus raíces en el pragmatismo americano.

[37] Conservamos la expresión «partisano» que es un anglicismo. Aunque su extrapolación al castellano podría requerir de matices ulteriores, aquí no será necesario ya que su empleo en lengua española ya está ampliamente extendido.

posiciones de valor en pugna en cada conflicto. De hecho, cuando, y baste de ejemplo, refiere al conflicto sobre el aborto, terminará sosteniendo, poco más, poco menos, que la superación del desacuerdo termina pareciéndose mucho a *una* de las posturas en conflicto que, como ya se sospechará, es de tipo *liberal.* O sea, que su «metapostura» coincide con una postura de *primer orden o sustantiva*, con lo cual, se abre una duda genuina sobre si Greene cumple con el postulado de neutralidad que requeriría un abordaje de tipo «meta». Él mismo lo dice cuando, para parafrasearlo ahora simplemente, confiesa «soy un liberal»[38] y que su liberalismo ya no es solamente (de) una tribu, sino perteneciente a una *metatribu,* en este caso, a la tribu de un filósofo americano[39]. A continuación, añade que «soy profesor universitario, vivo en Cambridge, Massachusetts» y que, por tanto, no es muy difícil saber que él es un liberal.[40]

Esta clase de confesiones no sólo contradicen el empleo lógico del prefijo «meta», sino que hacen trastabillar la creencia filosófica según la cual su postura es universal o global a la hora de, justamente, lidiar con conflictos entre tribus.[41] ¿Por qué deberíamos aceptar sin cualificaciones que un profesor universitario que vive en Cambridge, Massachusetts, pueda entender y solucionar los conflictos entre americanos e iraníes, o entre americanos y talibanes, entre americanos y nepaleses, etc.? Es muy difícil de admitir que su postura, por ende, sea neutral y universal.

---

[38] *Id.*, p. 334. Resulta importante a este respecto subrayar que otro psicólogo moral como Greene y con quien este, pese a mantener algunas explícitas diferencias, comparte presupuestos conceptuales y metodológicos, como es el caso de Jonathan Haidt, partiendo también de *premisas naturalistas en lo epistémico y liberales en lo moral-político,* es crítico de la versión liberal —entendida ahora como postura «progresista» en los debates morales y políticos americanos— y, asimismo, sustenta una teoría *normativa* identificada con el aristotelismo, a diferencia del utilitarismo con que Greene define su postura superadora de los conflictos. Con lo cual, se abre otro inciso paralelo interesante como el siguiente: mientras ambos, desde el punto de vista *empírico-explicativo* comparten premisas similares, llegan a *conclusiones normativas diferenciadas* a nivel metamoral: uno es utilitarista y otro aristotélico. Cfr. Jonathan Haidt, «The Emotional Dog and its Rational Tail: A Social Intuitionist to Moral Judgment». *Psychological Review* [Washington], vol. 108, núm. 4, 2001, p. 313. Con esto último queremos decir que Haidt intenta vincular la teoría de la mente con la teoría de la virtud aristotélica. Cfr. Jonathan Haidt y Craig Joseph, «La mente moral: cómo cinco grupos de intuiciones innatas guían el desarrollo de varias virtudes, e incluso algunos módulos, específicos a la cultura». Traducción de E. Joaquín Suárez-Ruíz. *Revista de Humanidades de Valparaíso* [Valparaíso], 19, 2022, pp. 313-348. Además, Haidt, en el terreno moral, ve con otros ojos los temas sustantivos y sostiene que hay que ampliar el elenco típicamente liberal de enfoque hacia cuestiones como la equidad, los derechos y la justicia, como es el propio caso de Greene, y abocarse a otros criterios morales que tienen que ver con culturas no liberales (por ejemplo, los islámicos) que admiten como parte de la moral temas como lo sagrado-profano, lo sucio y lo puro, etc. Como diremos en nota a pie más adelante, la distinción entre explicar y justificar, por razones lógicas como esta que apuntamos en las diferencias, sigue siendo válida.

[39] Como si implícitamente ser parte de esta tribu filosófica y americana fuese garantía de imparcialidad o neutralidad puras.

[40] Joshua Greene, *Moral Tribes, op. cit.*, p. 334. Digamos de paso, un liberal americano, profesor universitario que, por una magia inexplicable, sustenta un liberalismo superador de cualquiera de las otras perspectivas filosóficas y no filosóficas liberales y de las opuestas a estas, como es lógico, también. Lo cual parece demasiado.

[41] A veces Greene, incluso, refiere al término «panmoralidad» con pretensiones neutralistas y universalistas evidentes que, por lo que argüimos, no están bien fundadas. O, en forma también sinonímica, refiere a una «moneda común» para resolver conflictos (*common currency*).

La segunda desiderata es que la solución sea «moral», lo cual, viene a complicar mucho más las cosas que a resolverlas. Y esto por dos razones principales. La primera es que la palabra «moral» posee un rol ambiguo: lo moral («metamoral», en sus términos) es parte de una filosofía «meta» o de segundo orden. Sin embargo, implícitamente juega en el primer orden, ya que asume uno de los cuernos morales (él a veces, recordemos, diría «ideológico») del debate, por ejemplo, sobre el aborto. Ergo, deja de ser la moral un discurso apelado en segundo orden, para pasar sustantivamente al primer orden, con lo cual, hay un segundo sentido en la palabra «moral» aquí y es el de la ya mencionada «moralización» de los conflictos. La segunda razón no es menos grave que la primera y, quizás, a los fines del problema gordiano en que los estamos centrando, sea acaso parte de un problema más profundo. Como hemos argumentado, hay conflictos que, incluso si tienen una dimensión moral, son básicamente políticos y demandan, por lo tanto, métodos políticos de razonamiento y decisión.

Esto es algo que, formalmente, aun si no coincidiéramos con sus posturas sustantivas, entrevió Carl Schmitt cuando sostuvo que los conflictos políticos (el aborto en los últimos años ha devenido un conflicto más político que moral, o por lo menos tan político como moral) son partisanos, ideologizados.[42] Y, prosigue la idea del jurista alemán, que es el conflicto entre amigo-enemigo, o adversarios, el que hay que dirimir de alguna manera y no, necesariamente como en el supuesto de Greene, un conflicto ya pre asumido como moral.[43]

Lo cierto es que, si se pretende moralizar todos los conflictos, abrimos serias dificultades para solucionar varios de ellos, algo que, como vimos, le importa sobremanera a Greene. El problema cardinal aquí es que al moralizar dejamos de ver qué clase de conflicto tenemos a la vista. Nuestro tema deja ser el conflicto como *objeto* de razonamiento y disputa, y pasamos a obsesionarnos con los *sujetos* que están en conflicto y preguntarnos soterradamente cuán buenos o malos (moralmente, claro) son o no. Y esto sí que puede obturar las soluciones. Con esto no estamos negando que la perspectiva de los sujetos no deba considerarse en algún tramo del análisis o el diferendo, pero sí advertir el tipo de problemas que genera para pensar en soluciones.

En cambio, un buen punto de un pluralista en materia del valor es que puede admitir, conceptual y normativamente, que a veces ciertos conflictos se resolverán más adecuadamente con la moral, pero otras con armas políticas. O sea, el pluralista, tal es el caso por ejemplo de Isaiah Berlin,[44] concede que hay valores diversos, no hay un valor

[42] Cfr. Carl Schmitt, *Theory of the Partisan*. New York: Telos, 2007.

[43] Aunque algunos teóricos populistas también moralizan los conflictos porque, después de todo, hay buenos y malos, o amigos y enemigos. Además, suponiéndose tácitamente que los amigos siempre son buenos y los enemigos (políticamente hablando) siempre malos.

[44] Cfr. Guillermo Lariguet, «Pluralismo, Conflictos Trágicos de Valores y Diseño Institucional. En torno a algunas ideas de Isaiah Berlin». *Derechos y Libertades: revista de filosofía del derecho y derechos humanos* [Madrid], 15, 2006, pp. 73-98.

maestro único y que, incluso, a contrapelo de Greene, algunos valores pueden resultar inconmensurables y, por lo tanto, trágicamente *irresolubles.* Ergo, como dijimos más arriba, es contradictorio hablar a la vez de «solución» y «tragedia».

3.2. «Des-velo de la ignorancia» de Greene versus «velo de la ignorancia» de Rawls

En *Moral Tribes,* Greene desanda un camino de reconstrucción de (a falta de mejor nombre) el conjunto de normas y/o principios morales. Para esto, y echando mano de experimentos diversos, así como de categorías neurobiológicas, parece proponernos hacer *tabula rasa* con aquellas perspectivas filosóficas clásicas, como las que buscan, básicamente, mantener una cierta autonomía para el análisis conceptual y normativo que es propio a las áreas de la ética o de la filosofía política. Para ello, Greene echa mano del conocido expediente de distinguir dos sistemas de procesamiento cognitivo: uno, el sistema de respuesta automática que desarrollaron nuestros viejos ancestros, y otro, un sistema más flexible de respuesta que recontextualiza las consecuencias previstas por el primero, intentando acomodar la solución a conflictos recalcitrantes.[45]

Existe en la filosofía experimental una ya algo extendida tradición que consiste en trazar una distinción entre dos sistemas de respuesta,[46] de modo que aquí la perspectiva de Greene, aun si tiene su propio peso específico, cabalga sobre este esquema dual. Se trata de un esquema potencialmente fructífero, en efecto, para explicar, y a la vez evaluar, nuestro desempeño. En el caso de Greene, ese desempeño es, como venimos destacando, visto desde un punto de vista predominantemente moral. El rasgo fructífero de este esquema dual reposa en que nos permite ver diferenciadamente cómo el primer sistema responde rápidamente, pero de manera poco flexible, a tópicos de tipo moral vinculados a áreas sustantivas como la vida, la propiedad, la seguridad personal o familiar, etc., exponiendo típicos mandatos de prohibición: no matar, no robar, no dañar, etc.

Nuestros ancestros pudieron evolucionar merced a atrincherar estas prohibiciones, esto es, tornarlas nucleares y cuasi-absolutas; sin embargo, este sistema de reacciones de índole visceral conlleva dos dificultades: una es, justamente, su rigidez, pues las res-

[45] Cfr. Joshua Greene, *Moral Tribes, op. cit.*, pp. 28-265.

[46] Cfr. Guillermo Lariguet, «Ética, giro experimentalista y naturalismo débil». *Estudios de filosofía práctica e historia de las ideas* [Mendoza], 16 (2), 2014, pp. 85-98; Cfr. E. Joaquín Suárez-Ruíz y Sofía Calvente, «Filosofía experimental ayer y hoy: revisión de una tradición filosófica en proceso de (re)consolidación». *Artefactos* [Salamanca], 11 (2), 2022, pp. 163-190. Algunos ejemplos de esta filosofía experimental son: Daniel Kahneman, *Thinking, Fast and Slow.* New York: Farrar, Straus and Giroux, 2011; Seymour Epstein, «Integration of the cognitive and psychodynamic unconscious». *American Psychologist* [Durham], 49, 1994, pp. 709–724; Jonathan Haidt, *op. cit.* y Paul Slovic, «If I look at the mass I will never act: Psychic numbing and genocide», *Judgment and Decision making* [Cambridge], 2 (2), 2010, pp. 79-95.

puestas no pueden flexibilizarse a la luz de contextos relativamente inéditos y desafiantes; la otra es su relativa impenetrabilidad cognitiva, a saber, el hecho de que las respuestas viscerales son experimentadas con una intensidad emocional que depende en proporción de cómo se vive la transgresión a los mencionados valores de la vida, la propiedad, la seguridad. Es la propia evolución por selección natural la que iría favoreciendo la emergencia de un segundo sistema, con rasgos cognitivos y con una dosificación de las emociones intensas que se agrupan sobre todo en el primer sistema, de tal modo de poder sortear, con éxito, ciertos desafíos suscitados por contextos relativamente inéditos y desafiantes que requieren una flexibilidad mayor. Es aquí donde empieza a entreverse la fertilidad de este segundo sistema en contraste con los aportes del primero. Veamos los motivos de por qué es así.

Mientras el primer sistema demarca una línea de fuego entre, por ejemplo, sujetos moralmente normales y psicópatas, el segundo ya debe actuar en contextos de conflictos más complejos, como los que aparecen en los ejemplos puestos por Greene en *Moral Tribes*: el tema del estatus normativo del seguro de salud, el problema del cambio climático, los desacuerdos sobre el aborto, o la pena de muerte, etc. El otro aporte considerable de la distinción de sistemas estriba en que somos persuadidos a aceptar que el primer sistema, en términos de reconstrucción moral, tiene una familiaridad estrecha con el deontologismo (dígase Kant o Rawls, por ejemplo), allí donde el segundo sistema, también en términos en que, con información neurobiológica de por medio, reconstruye una perspectiva más inteligente, pragmática y racional que vendría a coincidir, en tramos importantes, con el tipo de utilitarismo defendido por Greene.[47] Con lo cual, este segundo aporte permite discernir el desempeño neurobiológico profundo escondido en el deontologismo y el utilitarismo, respectivamente; el primero, y esto sería parte del «chiste secreto» que Nietzsche, y ahora Greene, propagaron sobre Kant, según el cual este sería un autor altamente emocional[48] y no connotadamente racional, allí donde el otro sistema, de calado utilitarista, sería, sin chiste alguno de por medio, deliberativo y racional.[49] Es precisamente este segundo aporte fértil de la distinción entre sistemas, la que habilita a Greene a sostener que los filósofos morales clásicos como Kant, o antes que éste Santo Tomás, así como los contemporáneos como Rawls, pese a ser considerados abogados del «racionalismo», camuflan en sus teorías filosóficas normativas, sin advertirlo, una operación que las ciencias cognitivas llamarían «racio-

[47] Este sería el núcleo de la propuesta neuroética normativa del filósofo. Véase, especialmente, Greene, 2004 y 2022 [2008].

[48] Y que, por ejemplo, explicaría las turbaciones de Kant por la «inmoralidad» de la masturbación; turbaciones de las que se mofa la inteligencia de Nietzsche o la de Greene.

[49] Cfr. Joshua Greene, «La broma secreta del alma de Kant». Traducción de E. Joaquín Suárez-Ruíz. *Revista de Humanidades de Valparaíso* [Valparaíso], 20, 2022, pp. 183-229.

nalización», esto es, una forma ya demeritada de articular los conceptos pertinentes (véase, en esta sintonía, el modelo intuicionista social de Haidt).[50]

Así, la filosofía moral de tipo conceptual y normativo más «estándar» o «canónica», menos naturalizada por lo tanto que la de Greene, como, por ejemplo, la suministrada por Kant o Rawls, sería ejemplo de teorías contaminadas por errores sistemáticos que aún infectan nuestro pensamiento filosófico en materia moral y que son reproducidas, a su vez, por enfoques predarwinianos que se encuentran anquilosados en los currículos académicos. Todas estas diferencias, que responden a un cableado cerebral hasta cierto punto rigidizado en respuestas altamente emocionales, luego han operado como racionalizaciones, allí donde los filósofos morales como Kant o Rawls, solo quizás debido a su orgullo o autoengaño, o a una mezcla de ambos, creen ver racionalidad pura. La racionalidad se evanesce y podemos ver que hay racionalización cuando nos percatamos de los componentes no cognitivos, rígidos, emocionales, propios del primer sistema, que inficionan el pensamiento de autores como Kant o Rawls, cuyo deontologismo, expresable en enunciados normativos o principios rígidos, no permite considerar situaciones complejas de un modo efectivamente racional y empíricamente informado.

Para arribar a conclusiones como las consignadas, Greene propone lo que, a nuestro juicio y en contraste con uno de sus blancos en la obra, podríamos sindicar como el «des-velo» de la ignorancia. Es decir, la tupida información empírica ofrecida por los experimentos neurobiológicos utilizados por Greene, nos permitirían descorrer el velo de nuestras respuestas a los conflictos que se nos presentan. Es como si Greene, metafóricamente, nos invitase a salir de la caverna platónica y a ver la verdadera realidad de nuestra constitución subjetiva y social, neural y evolutivamente trazadas para así desterrar nuestra ignorancia en estos asuntos. Ignorancia que se fortalece en racionalizaciones —no eliminadas por filósofos del estilo deontologista de Kant o Rawls—; racionalizaciones que encubren la densa textura emocional del primer sistema de respuesta ya descrito líneas atrás.

Ahora bien, aun si todo esto sonase plausible en términos filosóficos,[51] no resulta congruente con los propósitos *prácticos* explicitados por el propio Greene en *Moral Tribes*. Recordemos que estos propósitos convergen en el punto radial de querer resolver conflictos intergrupales que son difíciles de superar y que la puntada final para tal resolución la otorga una «metamoral». Empero, por la clase de argumentos críticos que hemos delineado páginas atrás, se ha podido mostrar que un esquema metamoral para resolver conflictos que no son solamente morales, o que son profundamente políticos, no puede emplearse adecuadamente en los (propios) términos de Greene.

---

[50] Cfr. Jonathan Haidt, *op. cit.*

[51] De hecho, hay numerosos argumentos para sostener de manera sólida que el análisis filosófico precisa abandonar supuestos predarwinianos y/o pobremente informados a nivel científico. Véase, por ejemplo, Rodrigo López-Orellana y E. Joaquín Suárez-Ruíz (eds.), *op. cit.*, y E. Joaquín Suárez-Ruíz y Sofía Calvente, *op. cit.*

Además de las objeciones que ya hemos expuesto en tal sentido, se añade ahora, y de modo decisivo, la que se desprende de la reconstrucción que acabamos de modular sobre la maniobra de Greene consistente en descorrer el velo de nuestra ignorancia. Aunque suene contraintuitivo, descorrer el velo tiene efectos prácticos contraproducentes. Más allá del cuestionamiento constante de Greene hacia la obra de Rawls, creemos que comparte con este el deseo de resolver razonablemente conflictos recalcitrantes entre tribus. Y es a la luz de este *fin práctico* que, precisamente, no resulta «racional», ni siquiera en los términos definidos por Greene, descorrer el velo de la ignorancia, sino que, al contrario, lo más racional sería mantenerlo incólume como pide el deontologista y liberal Rawls.[52] Fue este filósofo quien sostuvo el lema de «política, no metafísica» (1999, 388-414) como una manera de poner un candado a esta tentación de descorrimiento del velo. Justamente, cuando nos damos cuenta de la complejidad ínsita a los conflictos propiamente políticos, por ejemplo, aquellos vinculados con el diseño institucional justo de una sociedad (diseño sobre el que podemos y solemos estar divididos), Rawls argumenta que una precondición lógica esencial es la de mantener un cierto velo de la ignorancia respecto de datos, por ejemplo, sobre nuestra naturaleza empírica o fenoménica (quiénes somos, por ejemplo, afectiva, social o sexualmente) y también metafísica (si hay hechos morales, si somos libres o no, etc.[53]). La razón de ser de este candado es que, por un lado, no solo garantiza que a la hora de discutir sobre los principios de justicia con los que nos vamos a organizar socialmente podamos hacerlo sin el apremio de información que nos podría sesgar y obturar el proceso de cribado de estos principios, sino que, por otro lado, el velo es un *posibilitante práctico*, dado que evita que nuestras diferencias incrementen la división, desestabilicen nuestras oportunidades realizables de resolver los conflictos por el colado de información densa sobre lo que somos neurobiológicamente o metafísicamente.

La distinción lógica[54] entre explicar neurobiológicamente y justificar soluciones razonables, con el trasfondo de un más complejo ámbito práctico-político, sugiere que para hallar solución a conflictos como los aludidos por Greene, sería necesario prestar más atención a la filosofía política y a una distinción entre dos maniobras que llevan a metas diferentes, a saber, descorrer o no descorrer el velo de la ignorancia.

Quizás a veces la distinción lógica entre explicar y justificar se salve; o, a lo mejor, en ocasiones contextualmente afinadas, sea cierto que categorías deontologizadas como la de «tener derecho a algo» sean blandidas emocionalmente, como afirma Greene en su

[52] Tengamos en cuenta que Greene también se vindica como liberal y cree que su «panliberalismo» permitiría superar los conflictos entre tribus.

[53] En este punto Greene y Rawls parecen converger.

[54] Distinguir es una operación lógica y no afecta un análisis de tipo ontológico donde consideremos, por ejemplo, la posibilidad metafísica y conceptual de que «no haya brecha» entre ambas operaciones, a saber, explicar y justificar.

obra,[55] trabando la posibilidad de resolver conflictos entre derechos; posibilidad que, quizás sea verdad, se podría sanear aportando información empírica que suponga el descorrimiento, por lo menos parcial, del velo. Pero en muchas otras situaciones, por ejemplo, pensemos en el ejemplo del aborto puesto por el mismo Greene y concretamente en saber si el feto en el primer mes de vida es o no persona desde un punto de vista neurobiológico o metafísico, dudosamente pueda ayudar a encontrar, por caso, soluciones intermedias o razonables entre partes ferozmente divididas.[56]

4. «Metamoral» y «metapolítica»

El ya algo largo encadenamiento de nuestra reconstrucción del problema gordiano, esto es, de la no adecuada distinción entre lo moral y lo político en *Moral Tribes*, nos permite sugerir que una solución metamoral o panmoral debe ser refinada, si pretende funcionar como aparenta. Más aún, no parece capricho analítico diferenciar «meta» o «pan-moralidad» de, por ejemplo, el *pan-liberalismo* profesado por Greene, lo cual parece hablar, de nuevo, de la confusión, por otras vías, entre perspectivas morales o ideológicas. Este problema es una muestra de por qué una cuestión —si se quiere de orden ontológico y epistémico— como es defender, por caso, una postura naturalista fuerte como la de Greene, cuyo propósito es «deslegitimar» o «desbancar» (*debunking*) teorías filosóficas estándares en lo conceptual o normativo como las de Kant o Rawls, y otra cuestión muy distinta, pero de pareja importancia, consiste en que el *filósofo* Greene, inclusive el *neurocientífico* Greene, exige más paciencia para las distinciones y más rigor en las inferencias. Aún si la primera cuestión fuese verdadera como programa teórico, la segunda seguiría siendo exigida por todo aquel que quiera introducir la primera cuestión por el expediente de la segunda.

Dados los límites temáticos que nos hemos autoimpuesto desde el comienzo, en este subapartado no podemos más que efectuar un esbozo muy grueso de cómo podría realizarse un aporte conceptual a la propuesta de Greene en cuanto que filosófica.

Como venimos apuntando, una visión que enfatiza en lo metamoral, e incluso que, además, también lo hace en el ámbito sustantivo de las caracterizaciones de los propios ejemplos de Greene ya mencionados, y que, asimismo, subraya casi exclusivamente el componente moral, sufre deterioros conceptuales considerables como los que introdujimos al comienzo y tratamos en las secciones y subsecciones precedentes.

La metamoral, aún si fuese, desde el punto de vista lógico, condición necesaria del análisis de los conflictos enunciados, no es condición suficiente. La complejidad de

[55] Cfr. Joshua Greene, *Moral Tribes, op. cit.*, p. 312.

[56] Como, por ejemplo, argumenta convincentemente Dworkin cuando sostiene que la discusión de si el feto es persona o no, obtura llegar a resultados intermedios razonables entre partes divididas. Cfr. Ronald Dworkin, *Life's dominion: an argument about abortion, euthanasia, and individual freedom*. Londres: Vintage, 2011.

temas como la discusión sobre el estatus normativo del seguro de salud americano, el problema del cambio climático, e inclusive tópicos como el aborto, la pena de muerte, la muerte de civiles en guerra, o el tema más general de los derechos, exigen o una combinación con la filosofía política o, al menos en ocasiones, si fuera lógicamente factible, consideraciones metodológicamente guiadas por la filosofía política en su impronta normativa y no meramente explicativa. Y con esto no queremos abonar el argumento según el cual el dominio de lo neurobiológico o la perspectiva evolutiva no tengan rendimiento conceptual interesante en el dominio de lo político.[57] Al contrario, pensamos que sí puede haber fertilidad explicativa —con los matices y distinciones del caso— cuando empleamos también esta perspectiva naturalista o más empírica.

Sin embargo, consideramos también que el campo de los conflictos prácticos, sean estos políticos, o incluso morales, requieren de comedimientos deferentes con, al menos, una *relativa autonomía de la complejidad conceptual y normativa* involucrada en el trato filosófico de tales conflictos.[58] Esto no implica negar, repetimos, que el ámbito explicativo no sea relevante y, a su vez, no mantenga intrincadas relaciones con el dominio conceptual y normativo. Pero, como hemos mostrado por diversas vías, sustantivamente, la meta de resolver estos conflictos está bloqueada por los propios términos de Greene. Es como si, al final, nos hubiésemos atrevido a poner a *Greene contra Greene*. Pero no con el ánimo de obtener poder, o ganarle una batalla argumental, sino por el anhelo de profundizar sobre el asunto del libro: el conflicto entre tribus.

Debemos admitir, no obstante, y a favor de Greene, que es una empresa próspera y deseable evitar construir filosofías que, para parafrasear a Daniel Dennett,[59] cuelguen de «ganchos celestes». Este es el ideal inspirador del filósofo a quien hemos dedicado estas páginas. Sin embargo, su «grúa», de nuevo tomando en préstamo la metáfora de Dennett, parece todavía conceptualmente liviana como para lograr arrastrar todos los problemas de carga que se propone.

5. Conclusión

De la profusa bibliografía de Greene, aquí nos hemos ocupado principalmente de *Moral Tribes*. A su vez, de los muchos temas interesantes que esta abre a su paso, nos

[57] Véase, por ejemplo, Adolf Tobeña, *Neuropolítica: toxicidad e insolvencia de las grandes ideas*. Barcelona: ED Libros, 2018 y Julieta Elgarte y Martín Daguerre, «Construyendo desde adentro: repensando la metaética y el debate sobre el aborto desde una comprensión evolutiva de la naturaleza humana». En Rodrigo López-Orellana y E. Joaquín Suárez-Ruíz (eds.), *Filosofía posdarwiniana*. Londres: College Publications, 2021, pp. 349-374.

[58] Por ejemplo, otro autor naturalista como Frans de Waal, admite cierta autonomía de lo normativo, incluso para dar cuenta de conductas en animales no humanos. De modo que, entre la familia amplia de naturalistas, hay opciones más compatibles con cierta normatividad. Cfr. Frans de Waal, «Natural normativity: The 'is' and 'ought' of animal behavior». *Behaviour* [Leiden], 151 (2-3), 2014, pp. 185-204.

[59] Cfr. Daniel Dennett, *La peligrosa idea de Darwin*. Barcelona: Galaxia Gutenberg, 1999, p. 538.

hemos detenido en un tópico crucial en el libro, dejando a un lado otros órdenes de problemas de los que nos hemos deslindado en la introducción al trabajo. Este tópico lo hemos delimitado en el tema de la no adecuada distinción entre lo moral y lo político (al que llamamos «problema gordiano»).

Para abordar por qué razón este tema es un problema importante, primero reconstruimos cómo este opera en la obra referida de Greene. A continuación, descompusimos el tratamiento analítico del problema gordiano en tres subapartados. En el primero, mostramos el vínculo problemático que media, para el propio Greene, entre su propuesta de una metamoral con la noción de monismo en materia de valores prácticos. Para esto brindamos una definición de monismo y la contrapusimos a otra definición de pluralismo en materia de valores prácticos. Luego, confrontamos la maniobra de descorrimiento del velo de la ignorancia que operaría en la obra de Greene, proponiendo uso más restrictivo en favor de mantener como prioritaria la estrategia de mantener el velo de la ignorancia, tal como defiende un adversario de Greene como Rawls. Hacia el final del desarrollo hemos sostenido que una «metapolítica», que apenas pudimos esbozar, podría ser tenida en cuenta como un correctivo para la obra de Greene en orden a, justamente, intentar satisfacer el anhelo práctico del propio Greene de resolver adecuadamente conflictos *entre* tribus (o, como dice Rawls, entre «pueblos»).[60]). Cuando menos, a la «metamoral» debiera añadírsele una «metapolítica», lo cual sugiere que nuestro esbozo no pretendió oficiar de reductor de otras perspectivas empíricas y normativas,[61] más aún si consideramos la diversidad de tipos de conflictos prácticos que podemos enfrentar.

Finalmente, consideramos que empezar a trabajar en una noción de «metapolítica», aliada conceptualmente a otras nociones con las que posiblemente forme una red de familia (como son las de derecho global, democracia cosmopolita y otras), nos permitiría zanjar de manera más efectiva y en complementariedad con el concepto de «metamoral» varios de los ejemplos que Greene pone en su libro. Sin duda, una tarea de esta clase, ayudaría a ampliar las esferas del diálogo propuesto por Greene: ya no solo con eticistas evolutivos, posdarwinianos, o con neurocientíficos, o biólogos, sino también con filósofos políticos, historiadores, juristas, economistas, etc.

[60] Cfr. John RAWLS, «The law of peoples». *Critical inquiry* [Chicago], 20 (1), 1993, pp. 36-68. Cuando Rawls se expresa de este modo es porque, advertido de la sofisticación de coordinar naciones diferentes, algunas liberales, y otras no liberales (justamente, esto es parte del meollo de varios ejemplos del propio Greene), tiene el buen recaudo de referir a 'pueblos' porque quiere lograr lo que Greene desea: algo parecido a consideraciones irradiadas por un concepto de 'metapueblo' y que, las mismas, permitan sortear algunos de los conflictos entre tales.

[61] Es decir, no se trata de sustituir sin más una 'metamoral' por una 'metapolítica', a riesgo de recaer en las dificultades que identificamos en el planteo de Greene.

Referencias bibliográficas

ALEMÁN, Ángel, «Universalismo y particularismo en el Tribunal Constitucional. Sobre su uso (y abuso) de los precedentes extranjeros». *Teoría y realidad constitucional* [Madrid], 40, 2017, pp. 530-559.

DAGUERRE, Martín, «Naturalismo ético». En LARIGUET, Guillermo, YUAN, María Sol y ALLES, Nicolás, *La metaética puesta a punto.* Santa Fe: Universidad Nacional del Litoral, 2023, pp. 22-49.

DANÓN, Laura, «Análisis conceptual para filósofos naturalistas». En LARIGUET, Guillermo, *La urdimbre de la razón. Ensayos de filosofía teórica y práctica contemporáneos.* Mar del Plata: Kazak, 2017, pp. 11-35.

DE WAAL, Frans, «Natural normativity: The 'is' and 'ought' of animal behavior». *Behaviour* [Leiden], 151 (2-3), 2014, pp. 185-204.

DEEM, Michael, «Dehorning the Darwinian dilemma for normative realism». *Biology & Philosophy* [Berlin], 31, 2016, pp. 727-746.

DENNETT, Daniel, *La peligrosa idea de Darwin.* Barcelona: Galaxia Gutenberg, 1999.

DIÉGUEZ, Antonio, «Delimitación y defensa del naturalismo metodológico (en la ciencia y en la filosofía)». En GUTIÉRREZ-LOMBARDO, Raúl y SANMARTÍN, José (eds.), *La filosofía desde la ciencia.* Ciudad de México: Centro de Estudios Filosóficos, Políticos y Sociales Vicente Lombardo Toledano, 2014, pp. 21-49.

DWORKIN, Ronald, *Life's dominion: an argument about abortion, euthanasia, and individual freedom.* Londres: Vintage, 2011.

ELGARTE, Julieta y DAGUERRE, Martín, «Construyendo desde adentro: repensando la metaética y el debate sobre el aborto desde una comprensión evolutiva de la naturaleza humana». En LÓPEZ-ORELLANA, Rodrigo y SUÁREZ-RUÍZ, E. Joaquín (eds.), *Filosofía posdarwiniana.* Londres: College Publications, 2021, pp. 349-374.

EPSTEIN, Seymour, «Integration of the cognitive and psychodynamic unconscious». *American Psychologist* [Durham], 49, 1994, pp. 709–724.

GREENE, Joshua, *The terrible, horrible, no good, very bad truth about morality and what to do about it.* New Jersey: Princeton University, 2002.

GREENE, Joshua et al., «The Neural Bases of Cognitive Conflict and Control in Moral Judgment». *Neuron* [Elsevier], 44, 2004, pp. 389-400.

GREENE, Joshua, *Moral Tribes.* Nueva York: Penguin Press, 2013.

GREENE, Joshua, «La broma secreta del alma de Kant». Traducción de E. Joaquín Suárez-Ruíz. *Revista de Humanidades de Valparaíso* [Valparaíso], 20, 2022, pp. 183-229. Disponible en: https://www.memoria.fahce.unlp.edu.ar/art_revistas/pr.15301/pr.15301.pdf

HAIDT, Jonathan, «The Emotional Dog and its Rational Tail: A Social Intuitionist to Moral Judgment». *Psychological Review* [Washington], vol. 108, núm. 4, 2001.

HAIDT, Jonathan y JOSEPH, Craig, «La mente moral: cómo cinco grupos de intuiciones innatas guían el desarrollo de varias virtudes, e incluso algunos módulos, específicos a la cultura». Traducción de E. Joaquín Suárez-Ruíz, *Revista de Humanidades de Valparaíso* [Valparaíso], 19, 2022, pp. 313-348.

HARDIN, Garrett, «The Tragedy of the Commons». *Science* [Washington], 162, 1968, pp. 1243-1248.

HAYDEN, Robert, «Democracy" without a demos? The Bosnian constitutional experiment and the Intentional construction of nonfunctioning states». *East European Politics and Societies* [Thousand Oaks, California], 19 (2), 2005, pp. 226-259.

HELD, David, *Democracy and the global order: From the modern state to cosmopolitan governance.* Redwood City: Stanford University Press, 1995.

JECKER, Nancy y CAMPBELL, Courtney, «Book Review: Ronald Dworkin, *Life's Dominion: An Argument about Abortion, Euthanasia, and Individual Freedom.* New York: Alfred A. Knopf, 1993». *Cambridge Quarterly of Healthcare Ethics* [Cambridge], 3 (2), 1994, pp. 303-306.

JIMÉNEZ ALEMÁN, Ángel A., «Derecho global». *Eunomía. Revista en Cultura de la Legalidad* [Madrid], 11, 2016, pp. 237-245.

KAHNEMAN, Daniel, *Thinking, Fast and Slow*. New York: Farrar, Straus and Giroux, 2011.

LARIGUET, Guillermo, «Pluralismo, Conflictos Trágicos de Valores y Diseño Institucional. En torno a algunas ideas de Isaiah Berlin». *Derechos y Libertades: revista de filosofía del derecho y derechos humanos* [Madrid], 15, 2006, pp. 135-171.

LARIGUET, Guillermo, *Dilemas y conflictos trágicos. Una investigación conceptual.* Lima-Bogotá: Palestra-Temis, 2008.

LARIGUET, Guillermo, «Las tensiones internas del pluralismo moral». *Isegoría* [Madrid], 44, 2011, pp. 161-184.

LARIGUET, Guillermo, «Ética, giro experimentalista y naturalismo débil». *Estudios de filosofía práctica e historia de las ideas* [Mendoza], 16 (2), 2014, pp. 85-98.

LÓPEZ-ORELLANA, Rodrigo y SUÁREZ-RUÍZ, E. Joaquín (eds.), *Filosofía posdarwiniana. Enfoques actuales sobre la intersección entre análisis epistemológico y naturalismo filosófico*. Londres: College Publications, 2021.

NAGEL, Thomas, «The Fragmentation of Value». En NAGEL Thomas, *Mortal Questions*. Cambridge: Cambridge University Press, 1979, pp. 13.

RAWLS, John, «Justice as fairness: political not metaphysical». En FREEMAN, Samuel Richard (ed.), *Collected Papers*. Cambridge: Harvard University Press, 1999, pp. 388-414.

RAWLS, John, «The law of peoples». *Critical inquiry* [Chicago], 20 (1), 1993, pp. 36-68.

SCHMITT, Carl, *Theory of the Partisan*. New York: Telos, 2007.

SLOVIC, Paul, «If I look at the mass I will never act: Psychic numbing and genocide». *Judgment and Decision making* [Cambridge], 2 (2), 2010, pp. 79-95.

SUÁREZ-RUÍZ, E. Joaquín y CALVENTE, Sofía, «Filosofía experimental ayer y hoy: revisión de una tradición filosófica en proceso de (re)consolidación». *Artefactos* [Salamanca], 11 (2), 2022, pp. 163-190. Disponible en: https://www.memoria.fahce.unlp.edu.ar/art_revistas/pr.15054/pr.15054.pdf

TOBEÑA, Adolf, *Neuropolítica: toxicidad e insolvencia de las grandes ideas*. Barcelona: ED Libros, 2018.

TODOROV, Tzvetan, *Nosotros y los otros: reflexión sobre la diversidad humana*. Madrid: Siglo XXI, 1991.

TOMASELLO, Michael, *A natural history of human morality*. Londres: Harvard University Press, 2016.

Guillermo LARIGUET
E. Joaquín SUÁREZ-RUÍZ

COMENTARI BIBLIOGRÀFIC: LA IMPOSIBLE SUSTITUCIÓN. JUDÍOS Y CRISTIANOS (SIGLOS I AL III) (Y 2)

Jean-Miguel Garrigues,
L'impossible substitution.
Juifs et chrétiens (Ier-IIIe siècles).
Paris: Les Belles Lettres 2023,
234 pàg.

El lector dispone ya, en el anterior número de esta revista (26/2), de la presentación que el propio autor hizo de su obra en el marco de un acto público de nuestra Facultad. No queremos resultar reiterativos. Por esta razón, nos centraremos sobre todo en dar los datos adicionales que mejor contribuyan a un más profundo entendimiento del libro de P. Garrigues. Subrayaremos también los aspectos del asunto que más relevantes nos parecen, aunque deba ser al nivel de un simple guión de trabajo.

El título de la obra proporciona su motivo fundamental: la imposible sustitución de Israel, el pueblo elegido, por la Iglesia, el nuevo y verdadero Israel. Y eso, como dice el subtítulo, en las relaciones entre judíos y cristianos desde el siglo I al III.

El título, sin embargo, también dice: lo imposible quiso ser realizado. La cristianamente imposible sustitución de Israel por la Iglesia, y de la Iglesia de judíos y gentiles por la Iglesia de las naciones, se intentó, por parte de los propios cristianos, de casi todas las maneras imaginables, aunque finalmente fracasara, por tratarse de una falsedad teológica. Pero se empecinó en ser durante siglos y ha tenido consecuencias de toda especie a lo largo de los últimos dos mil años: aquella «falsedad teológica» ha sido una «verdad histórica», «sociológica» y aún otras muchas cosas durante un período dilatadísimo de tiempo. Sólo en el siglo XX se ha consumado ese fracaso, y parcialmente, al nivel de un determinado discurso teológico. Este discurso tiene su origen en varios factores: la creciente reacción al antisemitismo europeo «ideológico» de finales del siglo XIX y primera mitad del XX, la *Shoah* en que culmina ese odio, y, finalmente, por lo que se refiere a los católicos, el Concilio Vaticano II, sobre todo si atendemos a las concreciones institucionales más relevantes de tal discurso y a las formas que ha ido tomando la relación entre judíos y católicos del último tercio del siglo XX en adelante.

No exageramos cuando decimos que las consecuencias del intento de sustitución han sido de toda especie. El esfuerzo por consumar la imposible sustitución de los judíos por los cristianos ha tenido implicaciones teológicas, eclesiológicas, morales, incluso genéricamente filosóficas, intelectuales y, por supuesto, sobre todo, sociales y políticas, además de directamente criminales. ¿Es siquiera imaginable el nacionalismo moderno sin la idea de fondo, más o menos consciente o resentida, de una sustitución del pueblo elegido? No por vieja (Hans Koch) la tesis es menos obvia.

Pero no es aquí que debemos detenernos. Lo que el título pone más evidentemente en primer término –el autor lo señala con toda claridad– es que el escrito que estamos presentando no es, en manera alguna, una obra de teología dogmática y, menos todavía, de teología «especulativa», sea en el área concreta que sea. Se trata, por el contrario, de «una encuesta de teología histórica», cuyo objeto directo es el «desgarro» (*déchirure*) religioso que se produjo en el mundo judío en los primeros tiempos de la era cristiana. Que se trate de «una encuesta de teología histórica» es algo esencial al tema en sí mismo, como tendremos ocasión de comprobar indirectamente. El término elegido por Garrigues para inaugurar el libro, *déchirure*, nos permite por otra parte conocer a uno de sus autores de referencia, al que cita expresamente: Fadiey Lovsky.

La división de la obra delata sus principales metas e ideas rectoras: tras una introducción de 22 páginas (de la 9 a la 31), nos encontramos con dos partes principales (así claramente indicadas dentro del libro, pero no en la tabla de materias del final): «La vía de salvación abierta para todos por Jesús en Israel» (33-136) y «El advenimiento del cristianismo» (137-201). La obra se cierra con una «Imposible conclusión» (203-231), presidida por el subtítulo (dentro del libro, tampoco reflejado en la tabla de materias) «Judíos y cristianos, distintos y unidos por la esperanza de una Redención aún en advenimiento». La división macroscópica del libro tiene, pues, cuatro secciones claramente definidas: la introducción, un cuerpo con dos partes y la conclusión. La microscópica viene dada por los títulos de los diversos capítulos de las dos partes centrales.

La introducción presenta los ejes de referencia de la «historia» (del «drama») que se trata de investigar, concentrados sobre todo en los contextos de la época y en los principales protagonistas tangibles de la «acción»: el pueblo de Israel y los creyentes en Jesús como Mesías, dentro del pueblo judío y en sus aledaños (los paganos más o menos cercanos al monoteísmo hebreo y a las prácticas del culto y de la Ley). Entorno y personajes enmarcan la «tesis» cuya emergencia se quiere perseguir —doctrina o teología de la «sustitución»–, denunciando su injusticia intrínseca y su inadecuación a lo esencial de la fe cristiana, aunque sólo después de siglos de malentendidos y persecuciones de toda clase haya sido posible contraargumentarla de manera clara y contundente.

Esta introducción tiene algo de «conglomerado de temas». Como decíamos, se ponen ahí sobre la mesa la mayor parte de las cuestiones esenciales que se tratan a lo largo del libro o, al menos, algunas de sus «puntas» más agudas. La palabra dominante es «desgarro» (*déchirure*), referida a la fractura, interna a Israel, que significa la fe cristiana entre judíos que aceptan o no la mesianidad de Jesús, fe basada en una singular y difícilmente aceptable (para el judaísmo del Segundo Templo –y en parte también para el judaísmo posterior) noción de Redención. A esa fractura seguirá la que se producirá, a lo largo de las décadas que se extienden hasta finales del siglo II y comienzos del III, entre judíos y cristianos, a su vez procedentes unos del judaísmo y otros de la gentilidad, sobre todo en la medida en que los segundos vayan haciéndose mayoritarios. Destacan en esta introducción, por su carga *revelatoria*, los textos del siglo XX citados por Garrigues, índice palpable de las semillas de reconciliación que, tras más de milenio y medio de incomprensión, permiten hoy una perspectiva distinta, más compleja y completa.

La primera parte despliega en cuatro capítulos los motivos clave de la interpretación del Nuevo Testamento que el autor quiere contraponer a la que, por lo que respecta a la relación con el judaísmo, paulatinamente se fue imponiendo en las comunidades cristianas durante los siglos II y III. Tal interpretación enfatiza algunos elementos decisivos: Jesús no fundó «otra» religión, una religión nueva y distinta respecto a la de Israel, como tampoco Pablo y los demás apóstoles (caps. 1 y 3). La primera aparición conocida del término «cristianismo» se produce a comienzos del siglo II, con San Ignacio de Antioquía. Y aunque el adjetivo «cristiano» sí que aparece en el Nuevo Testamento (concretamente, en los Hechos de los Apóstoles), hay todo un trecho hasta llegar al sustantivo en –*ismo* de la «nueva» fe.

Lo más determinante para la progresiva efectuación del *desgarro* en cuestión, lo hallamos en el tema del «tiempo de la Iglesia» (según la expresión de Heinrich Schlier), a saber, el tiempo entre la primera y la segunda venidas de Cristo, concebido como *la era del «acabamiento diferido» de la Redención* (cap. 2). Los datos básicos son pocos y conocidos: la simultánea presencia en el Nuevo Testamento de pasajes que dan ya ahora por establecido el Reino en este mundo, junto a otros que lo esperan para el futuro –esto es: pasajes que dan por cumplida la Redención, junto a otros que prometen su definitiva conclusión para el instante de la final venida de Cristo en la gloria. Entretanto, a saber, en ese estado intermedio excepcional, permanece *la distinción entre judíos y gentiles*, incluso dentro –durante el primer siglo y pico– de la comunidad de los que creen en la mesianidad de Jesús: he aquí, como veremos, el punto focal de la *déchirure*. Mientras ésta no se ha consumado, la permanencia de la mencionada distinción implica y guarda un orden en la revelación bíblica y neotestamentaria del designio de salvación: primero a los judíos, después a los paganos (cap. 4). Cuando sí se consumó, tal precedencia quedó como mera fórmula retórica o curiosidad historiográfica arcaica.

La segunda parte, a su vez, constata el progresivo y parcial alejamiento de esa lectura primitiva, apostólica, de los hechos fijados en el Nuevo Testamento, alejamiento que se va produciendo a partir de la época inaugurada por las dos guerras judías (70 y 135 d.C. aproximadamente). Lo resume el autor en una fórmula provocativa: el advenimiento del cristianismo. Con lo dicho más arriba, se entiende la intención del rótulo: a partir de finales del siglo II, adviene el cristianismo entendido como «tercer género» de vida ajeno tanto al paganismo como al judaísmo. Ya no se trata, con la fe en Cristo, de «otro modo» de ser judío que ve incoada, en Jesús el Mesías, la realización de las promesas de la Antigua Alianza tanto para judíos como para gentiles, sino de un «nuevo» modo de ser humano en general que no coincide exactamente ni con el hebreo ni con el «griego».

En siete rotundos capítulos, el autor recorre el arco que va de la Iglesia de la circuncisión (los creyentes en Jesús procedentes del judaísmo), dominante en las primeras décadas, hasta la Iglesia de los gentiles, que será la que progresivamente resultará mayoritaria a partir del primer tercio del siglo II. Garrigues presenta sumariamente las teologías de algunos de los principales textos y autores patrísticos de los primeros siglos: desde Ignacio de Antioquía hasta los alejandrinos Clemente y Orígenes, pasando por San Justino, Ireneo de Lyon, la Carta a Diogneto y Tertuliano. El mencionado alejamiento de la letra y el espíritu más inmediatos del Nuevo Testamento se traduce, como hemos indicado, en «el advenimiento del cristianismo» o, dicho aún con mayor precisión, en «el cristianismo autorreferencial» que con tales autores empieza a enseñorearse de la fe de la Iglesia. El límite más extremo vendrá dado por Marción de Sinope, el heresiarca del siglo II: aquí esa autorreferencialidad rompe del todo con la raíz judía. Aunque tal cosa nunca ocurre en la Gran Iglesia, como confirma la decidida condenación del marcionismo, la tendencia a desarraigar la persona y el mensaje de Jesús del *humus* de la historia de salvación del Antiguo Testamento, de la elección del pueblo de Israel y de las promesas que le fueran hechas por Dios a lo largo de los siglos, se incrementa desde entonces. Esto fomenta una manera de ver y de entender al Cristo Jesús, su Pasión, su Cruz y su Resurrección, como si se tratara de una realidad «casi» independiente de su contexto originario: un nuevo drama o acción divina que hubiera nacido en el seno mismo del Dios trinitario para «caer del cielo» a los hombres sin intermediarios de ninguna clase y sin conexión orgánica alguna con el drama o acción divina de la Biblia judía –o sea, prescindiendo de la genealogía del Cristo Jesús que se quiso plasmada por escrito (Mateo 1,1-17; Lucas 3,23-38).

La conclusión de la obra abunda precisamente en tales temas, como en muchos otros que han ido apareciendo a lo largo de sus páginas: la urgente necesidad de profundizar el sentido de la condenación del marcionismo; la persistencia de la doctrina de la sustitución como opinión difusa aun en nuestros días; el desarrollo posterior al Concilio Vaticano II de la doctrina católica sobre los judíos; la constatación de que la Redención universal en Jesús y la permanencia de Israel en la Elección no se excluyen para un cristiano; el debate suscitado por alguna de las intervenciones tardías de Ratzinger-Benedicto XVI; el fracaso fáctico de la sustitución, en el sentido de la manifiesta supervivencia de la identidad judía pese a la separación hostil entre la Iglesia y la Sinagoga; la profética, aunque difícil, comunión eclesial de la comunidad apostólica inicial, manteniéndose en la distinción de los judíos y los gentiles, y que posee hoy toda su finalidad y su dinamismo escatológicos; la posibilidad de ver ahora mejor a judíos y cristianos como compañeros distintos, pero no separados, para la Redención de la humanidad; y, en último término, una pregunta: ¿nos encontramos y nos dirigimos hacia una creciente inmanencia recíproca, en la distinción, entre judíos y cristianos? Se da por hecho que la respuesta a esta interrogación es positiva.

***

Tras este sumario repaso, quisiéramos ahora destacar tres ideas, por considerar que son las que más y mejor organizan el conjunto de la argumentación que el libro defiende: la persistencia, mientras dure la historia, de la distinción entre judíos y gentiles mediante la Ley; la doble dimensión o registro de la Redención que nos ha traído Cristo, de acuerdo con el texto mismo del Nuevo Testamento; la progresiva aparición e imposición de un cristianismo cada vez más «autorreferencial», esto es, desvinculado de la historia y del designio de salvación pergeñados en el texto bíblico (el *Antiguo Testamento*). Estos motivos, entrelazados, permiten una mejor y más correcta aproximación a las causas y los efectos del «desgarro» del que el libro habla desde el primer momento.

En su síntesis publicada en el anterior número de *Comprendre*, Garrigues indica expresamente que el punto más novedoso de su libro es el estudio que en él se hace sobre lo que significa Redención o Salvación en el Nuevo Testamento. Sin duda alguna, la movilización de ese estudio al servicio de la cuestión de la relación entre judíos y cristianos resulta sumamente clarificadora y convincente.

La Redención definitiva que Jesús trae al mundo comporta dos caras dramáticamente distendidas en el tiempo (Oscar Cullmann escribió el clásico sobre el tema). Toda la misteriosa relación entre la Iglesia de los creyentes en Jesús y el Pueblo Judío está situada dentro de esta distensión. He aquí el punto más decisivo.

La reconciliación con Dios por el perdón de los pecados está sin duda alguna en el corazón de la Redención prometida por Dios a Israel. Este perdón es alcanzado definitivamente en y por la Cruz de Cristo. Sin embargo, con ella no ha acabado la historia de la salvación ni se ha agotado el contenido total de la Redención: esta incluye, también, según las promesas y profecías del Antiguo Testamento, la justicia, la paz y la concordia universales, esto es, la victoria asimismo exterior sobre el mal que impera en el mundo, y el fin, por tanto, del sufrimiento y de la muerte a nivel no solo individual, sino igualmente colectivo: la Resurrección de la humanidad entera y la entrada definitiva de toda realidad, también la carne, en el Reino de Dios, en «el mundo venidero».

El hecho de que esta segunda dimensión de la Redención haya sido diferida en la misión de Jesús hasta su advenimiento glorioso y escatológico, ha sido un factor determinante en el rechazo de su mesianidad por las autoridades de Israel. Una y otra vez es aducido por los judíos en su polémica con los cristianos: si Jesús hubiera sido el Mesías, la victoria del bien debería ser ya evidente o, en otros términos, la historia tendría que haber concluido en su forma presente —como lucha de la vida y la muerte, del dolor y del mal.

La terrible cuestión en juego es, con total evidencia, lo que significa una Redención que permanece «adviniendo». La llegada del Verbo en la carne, su Pasión y su Resurrección, incoan la presencia del Reino en la historia, pero todavía no la «acaban» en su perfección final: las puertas del cielo se han abierto y, por la fe y los sacramentos —especialmente la Eucaristía—, entramos en verdadero contacto con Dios, nos convertimos en sus hijos y participamos de su vida y de su naturaleza. Pero tal posesión adolece aún de falta de estabilidad y carece del carácter definitivo que la promesa le atribuye desde los profetas por medio de los cuales el Espíritu Santo habló a nuestros padres. Garrigues cuenta, en francés, con la dualidad expresada por los dos verbos *accomplir* y *achever*, que no es forzado traducir en español por *cumplir* y *acabar*, respectivamente. La Redención del pecado ha sido *cumplida* por la Cruz de Cristo, pero no está todavía *acabada*, pues deben desarrollarse aún todas sus consecuencias o implicaciones: debe llegar a todos y a todo, a la universalidad de los seres humanos y a la realidad invisible y visible —la materia— del mundo.

El hecho adicional de que tal retraso pudiera suponer, en el «tiempo de la Iglesia», una práctica más flexible de la Ley, su liberalización o incluso su abrogación, y todo ello como resultado de una Redención mesiánica tan inasible como la aportada por Jesús, aún suena más inverosímil para muchos judíos, pues solo la Ley garantiza la permanencia de Israel como pueblo separado de los paganos. La desaparición de la Ley mientras aún dura la historia constituye, desde el punto de vista judío, un desatino, pues parece negar la extrema singularidad en que el absoluto se manifiesta como pueblo, base misma del concepto bíblico de revelación. Ni que sea dicho al margen: la denuncia de tal singularidad radical como «provincianismo» ha sido, es y será, también *post Christum*, el signo inequívoco de todo gnosticismo, que es en lo que suelen desembocar la mayor parte de los giros racionalistas o paganizantes, griegos, germánicos u orientalizantes, de la era cristiana.

Tal sustitución abstracta del particularismo por el universalismo es lo que late, como amenaza, en «el cristianismo autorreferencial» (un Jesús sin genealogía concreta) del que habla Garrigues. Aunque nunca consumado en «la Gran Iglesia», esa versión de la fe proyecta su sombra a lo largo de toda la historia, tanto en las iglesias positivas como en sus impugnaciones «laicas» modernas.

Un cuarto asunto nos tentaba, pero debemos soslayarlo: la arriesgada apuesta hecha por los apóstoles de una Iglesia de judíos y gentiles que, sin cuestionar la mesianidad ni la divinidad de Jesús, no borrara dentro de la Iglesia peregrina la distinción existente entre ambos linajes. Aunque difícil de sostener, parece confirmarse por la permanencia de Israel, ahora fuera de la Iglesia, en la que el cristiano no puede ver hoy más que un hecho providencial. Garrigues dirige al final de su libro ciertas peticiones, tanto a autoridades judías como cristianas, que subrayaran el signo escatológico de las actuales —nuevas— relaciones entre judíos y cristianos.

***

Muchos temas merecerían sus propios desarrollos. Nos limitamos a mencionar tres: en primer lugar, la cuestión de la compatibilidad del *teologúmeno* del «Misterio de Israel», en la versión que del mismo nos ofrece Garrigues, con el desarrollo dogmático de la Iglesia a partir del siglo IV. Estamos seguros de que la respuesta es «sí», aunque no podamos justificarlo aquí; solo constatar que el libro tampoco lo hace; sería una cuestión digna de detallada exposición.

En segundo lugar, y en obvia relación con lo anterior, tenemos el problema del primado de Israel en relación con las «inculturaciones» subsiguientes. Confieso mi incomodidad con el neologismo y destaco un *factum* tan elemental como difícil de contemplar en todos sus aspectos: la singularidad de la revelación judía y, por tanto, luego, cristiana, no afecta solo a lo que se encuentra *tras* ella, sino también a lo que la sigue *después*. En otras palabras: que la venida del Verbo en la carne se haya producido en una circunstancia determinada (de tiempo y de espacio) del pueblo de Israel no puede ser visto, desde la propia fe, como algo casual. En medidas que no nos toca ahora discutir, Grecia y Roma forman parte del entorno inmediato en que tiene lugar la revelación cristiana y son su primer lugar de recepción; si cualquiera de ellas sirviera para poner en discusión el elemento judío, nos encontraríamos ante un caso evidente de idolatría nacional; pero lo mismo puede señalarse con respecto a los elementos con los que han ido y siguen tropezando los sucesivos impulsos por los que esa irrupción de lo eterno en lo temporal ha continuado —y continúa hoy— ampliando en la realidad empírica el alcance universal de su punto de partida. Es lícito —es necesario— «inculturar» la fe en los nuevos contextos a los que la buena nueva cristiana va llegando a lo largo de los siglos, pero volvería a constituir un caso de idolatría que tales contextos quisieran prescindir tanto del elemento judío originario como de los elementos griegos o latinos que encontramos en los primeros siglos de la Iglesia.

En tercer y último lugar, todo lo dicho vale no solo de o para la cristiandad histórica en su época de esplendor, sino igualmente para las vicisitudes de la historia de la salvación en su época tardía, posterior al fracaso histórico de las cristiandades. Los pecados de los propios cristianos explican al menos parcialmente la violencia de los ataques que contra la fe y la Iglesia se han producido y siguen produciéndose hoy, cuando el cristianismo ha dejado de poseer casi cualquier forma de poder mundano. Esta nueva era «póstuma» tiene sus propias luces y sombras: a la vez que la Iglesia paga sus culpas, goza de una libertad recuperada que hace siglos perdió y con la cual debería afrontar los tiempos que se avecinan. Solo dos constataciones conclusivas: resulta notable la permanencia, en la negación e incluso la indiferencia, de los motivos cristianos. Sin entrar en el detalle de querellas eruditas, es obvia la supervivencia de elementos judeocristianos en los contextos de nuestra modernidad tardía. Esto incluye, paradójicamente, tanto los positivos como los negativos: siguen actuales principios morales, aunque descompuestos, y residuos del personalismo judío y cristiano de la realidad, y perspectivas globales sobre el tiempo que reproducen, en el transcurrir mundano, hitos de historias de salvación de diversa condición y alcance. También podemos afirmar: resulta sobrecogedor el modo en que el gesto secularizador moderno y postmoderno repite hasta la saciedad gestos propios de la sustitución. Perseguir el hilo de los lugares y las muertes de Israel en la historia del pensamiento moderno y contemporáneo resulta altamente instructivo para quien no tema reencuentros inquietantes y sea capaz de reconocer filiaciones históricas sustanciales.

Carles LLINÀS PUENTE
Research Group on Smart Society
La Salle – Universitat Ramon Llull

Rafael Herrera Guillén,
Jesús M. Díaz Álvarez (coords.),
***Grandes pensadores judíos*.**
Madrid: Tecnos, 2024, 345 pàg.

La fecunditat admirable de la cultura i del pensament occidental es deu, amb tota probabilitat, a una tensió entre dos pols irreconciliables, Atenes i Jerusalem, com ho ha remarcat sovint el crític literari George Steiner. Aquesta il·luminadora hipòtesi ens convida sens dubte a preguntar-nos què és allò que la nostra gramàtica i el nostre horitzó de comprensió del món deu a cadascuna d'aquestes tradicions. I en el cas que ara ens ocupa, què és allò que deu a la tradició jueva. O, dit d'una altra manera, què no seríem sense ella.

Un dels més grans filòsofs jueus del segle passat, Emmanuel Levinas, portà en pròpia carn el signe d'aquesta cruïlla entre Orient i Occident que ha estat sempre Europa: jueu de llengua russa nat a Lituània, estudiós de la fenomenologia alemanya i nacionalitzat francès, patí cinc anys de captiveri en un camp de presoners durant la Segona Guerra Mundial. Anys després, donava testimoni de la visita que ell i el seus companys havien rebut diàriament, durant algunes setmanes, d'un gos, que fou per a ell «l'últim kantià de l'Alemanya nazi», l'únic que encara era capaç d'entreveure la seva dignitat humana. Aquell gos —diu Levinas— no descendia d'Argos, el gos *grec* que reconeix a Ulisses en el seu retorn a Ítaca, sinó dels gossos que a Egipte callaren per permetre el pas —la *pasqua*— del poble jueu.

La dignitat i la llibertat humanes, el seu anhel de transcendir-se, la noció de creació o la pregunta pel sentit i la direcció de la història són irreductibles a la gramàtica grega, i no els podríem pensar si no portéssim en nosaltres la petjada de la revelació bíblica. Alguns deixebles de Levinas, com la filòsofa francesa Catherine Chalier, o algun dels estudiosos més autoritzats sobre el pensament jueu al nostre país, com ho és Miguel García-Baró, no han dubtat a remarcar-ho. El llegat de la religió d'Israel a la humanitat conté quelcom d'específic, d'una originalitat extraordinària. Quelcom que forma part d'un substrat precategorial, d'una *religió* que porta a pensar, d'una interpel·lació que, venint de fora, fecunda la filosofia.

L'interès d'una obra com la que presentem hauria de ser, doncs, l'assaboriment d'aquest relleu particular que la veu jueva ha donat a l'orografia filosòfica europea, el descobriment d'aquella tensió que la tradició forjada en l'èxode i en l'exili aplica a la metafísica, obrint-la a un horitzó que la depassa: la perspectiva d'una mirada sempre renovada sobre un món que ja no és necessari, sinó que, per haver estat creat per una voluntat lliure, a cada instant es reconeix com a *nou*. Ras i curt, l'atractiu d'un llibre com aquest podria haver estat subratllar en quina mesura el judaisme ofereix al pensament la possibilitat d'esquerdar la necessitat amb aquell alè de llibertat que ens pot fer esperar quelcom inaudit.

No és aquest el cas, malauradament, de l'obra que presentem. El volum que tenim a les mans sembla donar l'aparença de *necessitat* a un prejudici il·lustrat que pot arribar a fer impossible el reconeixement de l'originalitat de la font hebrea. En lloc de llegir la filosofia des del judaisme, es proposa llegir el judaisme des d'una filosofia pretesament desarrelada de cap mena de substrat religiós.

Ho entendrem recordant allò que ens en diuen Rafael Herrera Guillén i Jesús M. Díaz Álvarez a la introducció del llibre col·lectiu que ells coordinen. Cada capítol inclou una presentació biogràfica d'un autor jueu, una explicació de les seves idees més rellevants i, finalment, un acostament a les relacions entre el judaisme i el pensament en cadascuna d'aquestes personalitats. «Aquesta última —ens confessen— és potser la part més delicada, ja que encara que alguns dels autors estableixen un aliatge natural entre ambdós, altres, sobretot aquells més estrictament vinculats a la filosofia, els separen amb més o menys força en la mesura en què assumeixen que aquella, en entendre's com un saber que aspira a la universalitat, hauria de transcendir qualsevol particularitat cultural i prescindir de tot possible cognom. No en va, i en lúcida i bella expressió d'Ortega, la filosofia ha volgut ser majoritàriament «la tradició de la intradició», és a dir, un saber que aspira al reconeixement i legitimitat amb independència de les diferents fes i cultures en què viuen inserits els humans. Però si això és així, en quin sentit podria parlar-se, i fins a on, d'una «filosofia jueva»?» (p. 12-13). És cert, evidentment, que «el judaisme és una tradició complexa i plural que es diu de moltes maneres» (p. 13), com sostenen els coordinadors parafrasejant el *grec* d'Aristòtil. Ara bé, aquest punt de partida no és tampoc neutral pel fet de ser plural. Una hipòtesi tan políticament correcta com aquesta condueix paradoxalment a una selecció dels filòsofs tractats basada en un criteri tan políticament incorrecte com ho és la *discriminació* racial. El fil conductor del llibre, l'adjectiu «jueu», no esdevé així l'expressió d'una comunitat de pensament, sinó d'un mer parentiu de sang.

El volum s'estructura en tres grans parts. La primera, dedicada a «Grans clàssics de la filosofia jueva», inclou cinc capítols, dedicats respectivament a Filó d'Alexandria, Maimònides, Spinoza, Moses Mendelssohn i Karl Marx. La segona, titulada «Clàssics de la filosofia jueva contemporània», introdueix alguns pensadors marcats en un o altre sentit per l'enormitat de la Xoà: Ernst Cassirer, Hans Jonas, Emmanuel Levinas, Leo Strauss i Isaiah Berlin. La tercera secció, per la seva banda, sota l'epígraf «Grans intel·lectuals jueus contemporanis», vol «donar veu a escriptors, activistes o intel·lectuals que no són moltes vegades fàcils de classificar». Entre aquest últims, s'han seleccionat sis escriptors i escriptores del segle XIX als nostres dies, en què s'entrecreuen la literatura i el pensament, l'escriptura i l'activisme o, fins i tot, la música i la realitat virtual: són l'activista sionista Leo Pinsker, els literats Max Aub, Primo Levi i Paul Celan, l'escriptora i filòsofa Clarice Lispector, i l'assagista, informàtic i músic Jaron Lanier, nascut l'any 1960.

El punt de partida que Herrera Guillén i Díaz Álvarez han exposat pot fer comprensible una tria heterogènia i forçosament incompleta d'autors. No obstant això, per a algú que arribi a l'obra atret pel títol serà potser incomprensible l'absència de tres noms com Hermann Cohen, Franz Rosenzweig o Martin Buber. Hi serien, sens dubte, si aquest llibre hagués tingut la voluntat de resseguir un fil conductor pròpiament jueu en el pensament. De contraexemples en una direcció com aquesta en podem esmentar algun de significatiu, com *La compasión y la catástrofe. Ensayos de pensamiento judío*, de Miguel García-Baró (Salamanca: Sígueme, 2007).

Amb això no volem desmerèixer en cap cas les aportacions individuals de cadascun dels diferents capítols, que poden resultar valuoses introduccions als autors tractats, combinant el rigor dels acadèmics que hi contribueixen amb un to adreçat al gran públic. Aquest és un dels objectius de l'obra, que els coordinadors, tots dos professors titulars a la UNED i grans coneixedors, respectivament, de Maimònides —Herrera Guillén— i de la fenomenologia i l'hermenèutica contemporànies —Díaz Álvarez—, han volgut garantir amb les contribucions de professors especialitzats procedents de diverses i prestigioses universitats nacionals i internacionals.

Al nostre parer, però, la qüestió decisiva en el plantejament de l'obra és una altra: en parlar de «pensament jueu» cal sospesar si podem o no reconèixer sense complexos que la filosofia sempre beu inevitablement d'un substrat prefilosòfic. I aquest substrat habitualment és religiós. Quelcom, des de fora, no cessa de fecundar la raó, sense que això desqualifiqui el valor universal i racional de la filosofia. Això és el que ens recorda el pensament jueu —com també el cristià—, fins i tot quan no pretén fer altra cosa que «filosofia», sense adjectius. L'honestedat intel·lectual no ens impedeix admetre les precomprensions culturals, religioses, escatològiques, *gràcies a les quals* «pensem», sinó que més aviat ens les fa confessar. És aquesta la qüestió capital a la qual potser ha renunciat el pla d'aquesta obra, deixant esmunyir-se allò que potser hagués estat el més interessant d'un títol com aquest. Com el mateix Emmanuel Levinas arribà a dir en algun moment, «la filosofia neix de la religió». La raó pensa inevitablement gràcies a un substrat prefilosòfic. És potser només retornant a aquest origen que la filosofia podrà esdevenir de nou original.

Joan CABÓ RODRÍGUEZ
Research Group on Smart Society
La Salle – Universitat Ramon Llull

Teresa Oñate y Zubía, *Lecciones actuales de ontología griega arcaica y clásica.*

Madrid: Dykinson S.L., 2022, 291 pàg.

La filòsofa espanyola Teresa Oñate i Zubía encarna el darrer representant, fins al moment, d'un corrent de pensament filosòfic que comença en Hans-Georg Gadamer, continua en Gianni Vattimo i arriba fins a ella mateixa. L'un deixeble de l'altre, conformen una petita escola que s'autodenomina «heideggeriana d'esquerres», assenyalant així el pensament originari d'aquest corrent i, alhora, subratllant les diferències interpretatives que han sorgit a partir del pensament de Martin Heidegger. Malgrat que Heidegger és el seu punt de trobada (tant en Gadamer, Vattimo com en Oñate), cadascun d'aquests filòsofs s'ha endinsat en investigacions particulars. Tanmateix, tots ells han trobat en la filosofia de la Grècia arcaica la porta gran per al seu desenvolupament filosòfic. Aquest volum titulat *Lecciones actuales de ontología griega arcaica y clásica* té un caràcter introductori i potser més divulgatiu que altres de les seves obres com *El nacimiento de la filosofía en Grecia: viaje al inicio de Occidente* (Dykinson S.L., 2004). No obstant això, trobem en aquestes notes el nucli neuràlgic que ha estat conduint el pensament d'Oñate des de la seva maduresa filosòfica: la recuperació de la Teologia Racional descoberta pels grecs arcaics.

Aquestes lliçons constitueixen la transcripció escrita del Seminari Permanent d'Història de la Filosofia Grega «Aprende a pensar» impartit per Teresa Oñate i Zubía entre octubre i gener del curs 2021-2022 a la UNED. S'hi defensen diverses tesis d'importància actual en la interpretació de la filosofia grega arcaica i clàssica. Com hem avançat, la més rellevant és la de poder tornar a parlar del diví en clau filosòfica en la nostra estèril modernitat tardana. Així, trobem en aquestes notes un posicionament evidentment contrari al cientisme i al relativisme moderns. Tot i això, aquests corrents de pensament no constitueixen els seus veritables adversaris filosòfics. Entre altres qualificatius, Oñate es considera una aristotèlica *pagana* en un sentit estricte. Aristotèlica, sobretot, perquè considera l'estagirita com el primer grec que recull amb fidelitat el transcurs del fenomen del despertar filosòfic a la Hélade fins als seus dies. Fidel a Parmènides, a qui no intenta esberlar, així com també fidel a Heràclit, que ha sabut no *cratilitzar-lo* contràriament al que va fer el seu mestre Plató. En boca d'Oñate, Aristòtil és el primer historiador de la filosofia que conserva el pensament arcaic i li rendeix homenatge a la vegada que, heus aquí el més interessant, el reinterpreta.

A partir d'aquest darrer terme, *interpretació,* trobem l'esperit que configura el pensament d'Oñate i que recorre tot el seminari que analitzem. Seguint els seus mestres, Oñate té com a adversari al filòsof del pensament tancat, tenint en compte la crítica a la metafísica esgrimida per Heidegger i continuada per la línia del seu mestre Gianni Vattimo. Sota arguments ja adduïts per Adorno i Horkheimer, el pensament metafísic ha conduït l'home cap a un camí intransitable, per dir-ho amb una expressió parmenídia. Aquest camí errat té a veure amb una univocitat respecte al Bé ontològic —dirà Oñate— tant en forma com en contingut. El seu mestre de referència, Gadamer, reconcilia aquestes dues dimensions en *Veritat i Mètode*: el Bé ontològic, l'ésser, no pot tractar-se d'un concepte unívoc; ha de donar-se en la pròpia interpretació. Si realment del que es parla és del diví, com no podria ser interpretatiu? Com no podria estar obert a l'hermenèutica? El camí pertany ja a la veritat, escriurà el pensador alemany. De caràcter marcadament peripatètic, el pensament d'Oñate es proclama com a hermenèutica crítica (vegeu que la càtedra que lidera es denomina *Hercritia*) i fa seva la doctrina del mestre en què la substància es diu de moltes maneres.

La interpretació que Oñate descarta és aquella que tanca la realitat i que impedeix noves interpretacions. Aquest és potser l'error més significatiu que la filòsofa atribueix a la dialèctica de la metafísica. El dubte metodològic seria en el seu cas aquest: Què queda oblidat en un aprendre i interpretar que cerquen un significat i sentit dogmàtics? Què reflecteix un pensar que el que vol és donar per conclòs l'assumpte? I si el lector, atorgant el benefici del dubte, volgués assajar aquesta forma de pensar oberta i perenne, per on podria començar? Quin escrit, poema o sentència serviria per donar inici a aquest llegir hermenèutic? Oñate invita a trobar aquesta oportunitat en l'inici de la filosofia grega.

Així, les *Lecciones actuales de ontología griega arcaica y clásica* són un exercici hermenèutic de la filosofia grega. Però abans d'endinsar-nos més, cal aclarir: Contra qui parla Oñate? En primer lloc, contra la dialèctica il·limitada. Per dir-ho des de la Teologia Primera d'Aristòtil, la dialèctica acadèmica tracta els mateixos temes (τὰ πϱάγματα) que la filosofia; però aquella impossibilita arribar als béns i límits constitutius dels primers principis (αϱχαι) per la seva particular metodologia (μέθοδος). En segon lloc, arremet contra la sofística, que no vol que hi hagi límit ontològic i que, per tant, entén la llei com un element castrant (en lloc de possibilitant) subjecte a l'usdefruit i domini per part de l'home. Fora d'aquests corrents s'escriuen les notes del seminari que ens ocupa.

Les lliçons en qüestió tenen com a port d'origen les costes de Milet. En elles neix la filosofia com una forma de pensar la realitat diferent fins al moment. Neix amb una ocurrència extravagant, a saber, que l'aigua és l'origen i matriu de totes les coses. Aquest pas que abandona el χαος d'Hesíode és el determinant; ja que consisteix en nomenar el tot al qual res escapa. No obstant això, aquest pas del «Mite al Logos» no pot entendre's com un abandonament del mite cap a una racionalitat laica, si se'ns permet aquest anacronisme. Es tracta, en canvi, d'una revolució teològica: el diví es reinterpreta, ja no en clau genètica, sinó com a fruit de pensar racionalment el nexe entre els fenòmens i allò que els governa. Dit així, cal parlar d'un naixement pròpiament? Es tracta, en realitat, d'una revolució en la forma de pensar el diví.

Des de les costes milèsies, la filosofia aixeca veles i viatja a Efes, a Elea, a Atenes i a moltes altres polis gregues. El que Oñate reflecteix en els capítols intermedis d'aquestes lliçons és quelcom d'un interès notable: que el discurs sobre el diví arriba, de cim en cim, a interpretacions congruents i harmonioses. Això és, sens dubte, un fet que mereix la seva atenció particular. En poques paraules; τὸ ὕδωϱ de Tales, l'ἄπειϱον d'Anaximandre, τὸ ἀήϱ d'Anaxímenes, el πόλεμος d'Heràclit, l'εἶναι de Parmènides, οἱ ἄτομοι de Demòcrit, τὰ τέτταϱα στοιχεῖα d'Empèdocles no són conclusions contradictòries sinó harmonioses. Aquí l'element més atractiu de l'hermenèutica d'Oñate: en tots aquests pensadors ressona una perspectiva nova de l'etern que no s'esgota en cada sentència. Existeix en els presocràtics una referència constant al diví, que no és un diví olímpic, i que empeny cada legislador, poeta, pensador i governant hel·lè a posar per escrit la seva interpretació. El diàleg intergeneracional d'aquests pensadors no imita el que ha dit l'anterior; sinó que el reinterpreta. I en aquest reinterpretar, es descobreixen nous significats. No es pot enumerar en aquest petit escrit tots aquells elements concurrents entre els arcaics quan en els seus escrits es dirigeixen a τὰ θεῖα. Seria, a més, expropiar un goig del qual no podem privar cap filòsof o filòsofa. Però sí queda exposar encara l'assumpte probablement més enigmàtic de totes les *Lecciones actuales de ontología griega arcaica y clásica.*

La filosofia grega arcaica comença des d'un punt de partida estrictament ontològic i així ho mostra Oñate quan comença les seves lliçons amb els milesis. No obstant això, passa alguna cosa estranya en el canvi de la filosofia arcaica a la clàssica. I no ens referim al canvi d'estil de redacció. En l'alba del pensar filosòfic observem que el que atura el pensament dels arcaics, és a dir, el diví, té un abast *natural*, en tant que el seu estudi apunta, precisament, a la natura (molts dels seus tractats comparteixen el títol de περὶ φύσεως). És a dir, els arcaics pensen en l'origen i el govern de totes les coses. La filosofia considera que els principis que governen les coses són alhora el seu element (cosa que aviat serà «superada» pels clàssics) i el diví té un caràcter totalitzant. Però, per la nostra sorpresa, Oñate desemboca, de mans d'Aristòtil, emmarcant el diví en el camp no ja de la naturalesa sinó en el camp de *l'acció*. La revolució teològica que suposa la filosofia grega comença amb l'aigua i acaba en l'acció. Existeixen, diu Oñate citant al fundador del Liceu, actes que són eterns, indivisibles, anteriors i manifestadors de la veritat com a ἀλήθεια; qualificatius, tots ells que hem observat que formen part del diví en tots els presocràtics estudiats en les lliçons anteriors.

Així acaben les *Lecciones actuales de ontología griega arcaica y clásica*, donant a entendre que el diví ha donat un pas *del concepte a l'acció*, per expressar-ho com Lambros Couloubaritsis en la seva *Histoire de la Philosophie Ancienne et Medievale.* Mentre que la filosofia arcaica es dirigia a entendre el principi universal a través dels elements naturals i la filosofia clàssica va expandir i matisar aquestes concepcions, Oñate ens presenta un gir gosat al situar el diví també en l'àmbit de l'acció pura i contínua. Aquest desplaçament no només qüestiona les interpretacions tradicionals d'Aristòtil, sinó que obre un vast camp d'exploració: Què implica realment que el diví es manifesti en ἐνέργεια? La tensió entre l'acció com una altra essència del diví i les interpretacions més dogmàtiques de la filosofia clàssica segueix vigent, plantejant desafiaments hermenèutics que no semblen tenir una integració possible. Per altra banda hom pot preguntar-se quins són els límits d'aquest exercici hermenèutic: deixar el text a la interpretació permet l'exploració originària del diví? O més aviat adapta el diví a la interpretació desitjada? Per acabar-ho de complicar, Oñate ha declarat obertament ser una pensadora greco-cristiana, apropant-se a Vattimo. Com concilia Oñate la divinitat cristiana amb el diví grec? Quin forat filosòfic hauria quedat obert per la filosofia grega? Quedarà per saber en un altre moment com casen, si poden, aquests dos mons que parlen de Déu.

Ignacio GARCÍA ESTRUCH
La Salle – Universitat Ramon Llull

Lola López Mondéjar, *Sin relato. Atrofia de la capacidad narrativa y crisis de la subjetividad*.
Barcelona: Editorial Anagrama, 2024, 338 pàg.

Lola López Mondéjar, psicoanalista, conferenciant i escriptora tant d'assajos com d'obres de ficció, ha guanyat el Premi Anagrama d'Assaig 2024 amb la seva obra *Sin relato. Atrofia de la capacidad narrativa y crisis de la subjetividad*. L'obra vol tractar una de les transformacions més importants que l'individu estaria experimentant a la modernitat tardana: la dificultat d'explicar-se a un mateix i d'elaborar una història, és a dir, la pèrdua de la capacitat narrativa. La hipòtesi principal de l'autora és que el món hipercapitalista i digitalitzat en què vivim afavoreix un buidament de la dimensió interior de l'ésser humà, obstaculitzant que aquest transformi els esdeveniments viscuts en experiències subjectives pròpies, comunicables i significatives. A fi de desenvolupar aquesta qüestió, López Mondéjar utilitza arguments filosòfics, sociològics i psicoanalítics, apuntalats per la lectura crítica de fenòmens culturals de la nostra època i per exemples extrets de la seva experiència personal com a terapeuta.

Segons l'autora, «narrar» la nostra individualitat no vol dir només ser capaç d'explicar a terceres persones les experiències subjectives que hom pugui tenir, habilitat que de totes maneres també s'estaria perdent, sinó «crear-les» internament. Sense aquest procés de creació, obert a les modificacions temporals pertinents, es perdria el sentit de la pròpia història i, en conseqüència, s'assumiria una individualitat «reflejo solo de las sensaciones y emociones que experimenta un yo exclusivamente corporal, basado en la autoconservación y la supervivencia» (p. 27). Que els individus eliminin la diversitat del seu món interior i el substitueixin per una individualitat homogènia i conformista seria l'objectiu promogut obertament pel capitalisme digital. La crisi narrativa no seria, però, un fenomen exclusiu de l'actualitat, atès que es podria establir una escalada en la desaparició progressiva de la capacitat de narrar. En primer lloc, la crisi s'hauria estès des de la Primera a la Segona Guerra Mundial, com ja observaren autors com Walter Benjamin, Theodor Adorno o Günther Anders. Després, s'hauria produït el descrèdit dels grans relats analitzats per Jean-François Lyotard, Richard Sennett o Jean Baudrillard i que s'estendria des de la caiguda de Berlín fins a començaments del segle XXI. A l'últim, la universalització d'internet i la digitalització del món serien els causants de la definitiva dissolució de la capacitat narrativa. Les tres baules del procés no es podrien comprendre sense atendre l'enorme i progressiu desenvolupament de la tècnica que, a banda dels seus avantatges, també hauria fomentat una deshumanització perpetrada pels interessos del sistema neoliberal.

López Mondéjar se centra sobretot en el context social actual, on la proliferació de pseudonarracions dirigides a la manipulació de les emocions, la sobreexposició a la informació i la pèrdua d'ideals promouen «entre los ciudadanos fascinados por las imágenes *una atrofia de la capacidad narrativa universal*, capacidad narrativa que se sustituye por imágenes y pseudorrelatos prestados y fragmentarios, que orientan el flujo de las emociones y suscitan la adhesión al objetivo propuesto» (p. 37). Aquesta atrofia estaria impregnada d'un narcisisme vinculat a la disminució de l'atenció i de la capacitat d'escolta, ambdues essencials per construir un espai intern que pugui servir per acollir l'altre i intercanviar experiències. La primera augmentaria cada cop més a mesura que s'incrementa la quantitat d'informació amb la qual els subjectes són bombardejats contínuament. Les xarxes socials, per altra banda, homogeneïtzarien les experiències, fent que la informació i les imatges suplantin tant el pensament com allò d'específic i d'individual que té la biografia de cada individu. Els més perjudicats, com no podia ser d'una altra manera, serien els joves. «Nadius digitals», aquests es mostrarien cada cop més incapaços de comunicar-se entre sí experiències íntimes, reduint les seves trobades, cada cop més escasses, al joc i a l'intercanvi de fotografies. L'autora explica com a la seva clínica es troben una gran quantitat de pacients, especialment joves, que, davant la incertesa d'una identitat que experimenten com a quelcom estrany i fragmentari, acaben substituint la pregunta «qui soc» per la pregunta «què soc». Com que la resposta a la primera de les preguntes requereix d'una capacitat reflexiva, narrativa i continuada en el temps de la qual manquen, contesten la segona amb les respostes immediates que les xarxes socials popularitzen. Això explicaria, per exemple, la obsessió contemporània per donar resposta a la pregunta sobre la identitat sexual, quan la recerca sobre la pròpia identitat hauria de ser, a parer de l'autora, un procés creatiu i dinàmic allunyat d'essencialismes.

Les observacions que López Mondéjar fa sobre els «nadius digitals» són ratificades més endavant per les respostes que diversos psiquiatres, psicòlegs i psicoanalistes donen a una enquesta que l'autora els va fer arribar durant la redacció de l'obra. El sentit general és la constatació que als joves els costa cada cop més fer introspecció, conversar amb profunditat, expressar les seves experiències i mostrar empatia. Amb la psicòloga Serry Turkle, la nostra autora afirma que hi ha una relació directa entre aquestes dificultats i la utilització continua del dispositiu mòbil. L'ús reiterat de les xarxes socials fomentaria la voluntat de mostrar-se invulnerable i de fugir de tot conflicte vers els altres i vers un mateix, fet que estaria vinculat a l'augment de malalties mentals com l'ansietat i la depressió.

Per altra banda, i seguint Richard Sennett, López Mondéjar troba que existeix un clar paral·lelisme entre la flexibilització del mercat laboral i l'atròfia de la capacitat narrativa. El sistema de producció del capitalisme postfordista fomentaria que els individus visquin històries fragmentades, ja que la precarietat i la fragilitat laborals que els són inherents serien incompatibles amb una dimensió temporal estable, condició *sine qua non*, com va observar Paul Ricoeur, de tot patró narratiu consistent. La nostra societat, manifestament accelerada, impediria als subjectes articular un relat narratiu durador. Sense aquest, les emocions i els sentiments «no se asientan en la memoria como representación, sino que se transmiten directamente al cuerpo en forma de emociones de difícil traducción; en estas circunstancias, el malestar se manifiesta muy a menudo con síntomas físicos cuyo origen no pueden identificar quienes lo sufren» (p. 63).

L'autora cita autors com Byung-Chul Han i Shoshana Zuboff per defensar que aquest capitalisme digital, que també podríem anomenar «capitalisme de la vigilància», reclama a través de les grans plataformes digitals tota experiència humana que pugui ser reduïda a una sort de matèria primera gratuïta de la qual es pugui obtenir un benefici econòmic. L'objectiu d'aquest capitalisme ja no seria només aïllar els individus i separar-los de la comunitat, sinó omplir-los cada cop més d'accions i experiències facilitades pel mercat. Les conseqüències serien calamitoses, atès que els individus veurien afectada la seva capacitat d'erigir-se en autors-narradors de la seva pròpia vida i es convertirien en titelles del mercat. Ens trobaríem d'aquesta manera, continua López Mondéjar glossant al filòsof Fernando Broncano, sota el poder d'un capitalisme cognitiu, centrat en la producció d'una ignorància estratègica dissenyada voluntàriament per les empreses. La cultura neoliberal perseguiria reeducar la sensibilitat dels subjectes, anestesiant-los davant la veritat i fent-los hipersensibles a les seves emocions i instints bàsics. A més a més, en el neoliberalisme es produiria una diferenciació entre la informació associada a un cúmul de dades obtingudes en temps real, i el coneixement entès com «una manufactura de la información verdadera, una construcción de los sentidos, de la inteligencia individual y colectiva» (p. 101). L'autora empra el neologisme «estultofília» justament per parlar d'aquesta tendència: contra el saber, les societats neoliberals propagarien la recerca de l'entreteniment i la superficialitat transformant el psiquisme humà, refractari al pensament, a l'esforç i a les possibles friccions amb els altres que aquest comporta.

López Mondéjar també posa el focus en les famoses tesis de René Girard sobre el desig mimètic, que considera valuosíssimes per a una adequada comprensió de la psique humana. La naturalesa del desig humà seria mimètica en tant que el subjecte desitjaria allò que vol un altre. El desig seria triangular perquè necessàriament segueix el model d'un tercer, al qual Girard anomena «mediador». Això implica que els desitjos que creiem naturals provindrien en realitat del nostre entorn. Durant el desenvolupament d'una vida, aquests són interrogats i poden ser reafirmats o rebutjats mitjançant la creació d'una nova subjectivitat, com exemplificaria la història del Quixot. Ara bé, en un món on els subjectes perden el seu món interior i on els mediadors es manifesten, com en el cas dels *influencers*, en una realitat virtual basada en la imatge, s'expandeixen les anomenades «identitats adhesives». Aquestes serien pròpies del fanatisme religiós i polític, com ara el nazisme o el món de les sectes, però també de les identitats homogeneïtzades, consumidores i obedients que aflorarien a la societat del consum. En tots aquests casos, el líder o la ideologia «satisfarían las necesidades de identidad del individuo, que no requiere así hacerse preguntas ni crear una subjetividad propia» (p. 109). De fet, moltes de les dinàmiques sociopolítiques que es poden identificar al capitalisme digital tindrien molt de «funcionament sectari», diu López Mondéjar donant suport al psicòleg i psicoanalista Miguel Perlado. Lògicament —ressalta— la qualitat de les democràcies es veuria afectada i l'ombra del totalitarisme planejaria sobre la societat.

Però, com resistir a aquesta desubjectivació? Què sostindria aquelles persones, anomenades «vertebrades» per l'autora, que no es sotmeten al poder homogeneïtzador imperant? La resposta radicaria en la capacitat d'aquestes de construir-se una vida singular «que se dota a sí misma de argumentos para seguir un itinerario propio e inscribirse de forma singular en el mundo. Una subjetividad en relación, (...) sujeta a la fricción y a los roces que esta le impone, considerados como obstáculos pero también como oportunidades de aprendizaje» (p. 275). Per això es requeriria viure amb un mateix en un diàleg silenciós allunyat del solipsisme virtual, i amb els altres en una relació que no estigui mediatitzada exclusivament pel poder de la imatge. S'hauria de recuperar el poder de la paraula narrativa si es vol resistir a la dictadura de les pantalles, que haurien afavorit les identitats imaginàries i narcisistes per sobre de tot relat simbòlic capaç de recollir els valors col·lectius i universals. En definitiva, hauríem de tornar a una imaginació narrativa que estaríem perdent i que provocaria que l'ètica estigués cada cop més separada de la tècnica. Establir «dietes digitals» i espais lliures de digitalització, promoure els valors associats tradicionalment a la feminitat (empatia, cura dels vincles, inhibició de l'agressivitat, etc.) i recordar que som éssers vulnerables que necessiten la presència de l'alteritat per desenvolupar-se sanament són només algunes de les propostes més destacades que l'autora ens fa.

L'últim capítol del llibre recupera provocativament una meditació de Günther Anders. El filòsof parlà de «vergonya prometeica» per fer referència a la distància humiliant que l'ésser humà experimenta davant la perfecció dels seus aparats. López Mondéjar creu que l'ésser humà del segle XXI, immers en el món digital, ja no experimenta aquesta vergonya, sinó que creu senzillament que la tecnologia amplia les seves capacitats i li fa la vida més fàcil i entretinguda. Estaríem entrant en una era antropofòrmica de la tècnica, on la hibridació entre l'home i la màquina seria cada cop més evident. Ideologies com el transhumanisme ens assenyalarien «optimistamente el paraíso y la vida inmortal con una prometedora mano, pero que oculta en la otra el infierno que se abre al mismo tiempo bajo nuestros pies» (p. 333). L'autora ens convida a no oblidar que tot el món virtual descansa sobre una base material bruta i llança al lector la següent pregunta: si es produís el col·lapse mundial que postulen algunes teories, estaríem preparats per afrontar-lo? En qualsevol cas, conclou, se'ns faria més evident que estem fets per viure en un món físic i de fricció, on el contacte directe amb els altres i amb la comunitat resulta indispensable.

L'assaig té l'encert de tractar el tema que es proposa des de múltiples òptiques que s'enriqueixen i es complementen pertinentment. López Mondéjar apropa al lector les tesis desenvolupades recurrent a fonts molt diverses del món acadèmic, però enllaçant-les sempre amb la realitat quotidiana que ens envolta com a lectors immersos en la societat del capitalisme digital. D'aquesta manera, l'autora no es limita al simple diagnòstic, sinó que interpel·la directament el lector. Crida particularment l'atenció el cas de les experiències de pacients concrets que s'expliquen al llarg del llibre i que suposen una evidència «encarnada» de l'encert de les seves anàlisis. Per altra banda, l'autora té la valentia de reivindicar el paper essencial de la filosofia, la psicologia o la sociologia en un context on les ciències positives tenen sovint la pretensió de tenir l'última paraula. Tot i així, trobem a faltar un desenvolupament més acurat d'un tema que es perfila però en el qual no s'aprofundeix: la rellevància de la dimensió transcendent i espiritual de l'ésser humà a l'hora de lluitar contra les pretensions del capitalisme digital. Sospitem que aquí es podria trobar la clau de volta a l'hora d'establir una resistència «vertebrada» més efectiva. En qualsevol cas, l'obra resultarà molt estimulant i suggeridora al lector interessat en comprendre des d'una mirada crítica el món hipertecnològic en què vivim.

Francisco Jesús CAÑETE CANTÓN
La Salle – Universitat Ramon Llull

LLIBRES REBUTS

Oriol Ponsatí-Murlà, Joan Vergés Gifra i Jordi Jiménez Guirao (eds.),
Jaume Serra Húnter. L'obra estroncada.
Girona: Documenta Universitària, 2024, 270 pàg.

Aquest nou volum col·lectiu de la Càtedra Ferrater Mora de la Universitat de Girona forma part de la labor de reconstrucció del que fou la Catalunya intel·lectual dels anys vint i trenta. Es divideix en dues parts. La primera presenta un seguit de contribucions que intenten contextualitzar la figura de Serra Húnter en el marc de la cultura catalana entre el tombant dels segles XIX i XX, així com la tasca de reconstrucció universitària que impulsà i el seu paper en l'articulació del debat sobre la filosofia nacional catalana. La segona part se centra en l'etapa del seu exili (1939-1943), tant a nivell biogràfic com de la producció escrita.

Rafael Herrera Guillén i Jesús M. Díaz Álvarez (coords.),
Grandes pensadores judíos.
Madrid: Tecnos, 2024, 352 pàg.

Aquest volum col·lectiu, format per contribucions d'autors procedents de diversos països, presenta un seguit de pensadors la vinculació dels quals amb el judaisme, malgrat llur origen, és ambigua i, fins i tot, de rebuig. El lector podrà comprendre tant les principals idees de cada filòsof jueu com la importància de l'element jueu en el seu pensament. La qüestió, que roman oberta, planteja si es pot afirmar o no l'existència d'una filosofia «jueva».

Josep Ramoneda, *Poder i llibertat. Reflexions en un canvi d'època.*
Barcelona: Edicions 62, 2024, 144 pàg.

Aquest volum reuneix vuit peces curtes que l'autor ha escrit els darrers anys. Tenen en comú que tracten la temàtica del poder i la llibertat en la societat europea actual, i qüestions primordials com ara democràcia, drets civils, identitat, ciutadania, o la funció del poder. L'autor assenyala el risc de l'evolució accelerada del capitalisme i el neoliberalisme per a la democràcia; remarca la condició relacional i social de l'ésser humà més enllà de l'hora de votar; i adverteix dels perills en la falta de resposta a la crisi per part de la socialdemocràcia.

Peter Singer, *El círculo en expansión. Ética, evolución y progreso moral.*
Madrid: Cátedra, 2024, 184 pàg.

Aquest volum conté la traducció de l'estudi clàssic de Peter Singer on defensava que encara que l'altruisme té el seu origen en l'impuls transmès genèticament de protegir els nostres semblants i els altres membres de la comunitat, es fou desenvolupant fins a donar lloc a una ètica conscient que provoca un cercle moral en expansió. L'ètica humana no pot explicar-se així sense transcendir la biologia. Aquesta edició incorpora un epíleg en el qual, tenint en compte els descobriments recents en el camp de l'evolució, l'autor reprèn i actualitza alguns dels seus arguments.

Enrique Bonete Perales, *Ética de la guerra. Evolución històrica y debates actuales.*
Madrid: Tecnos, 2024, 278 pàg.

L'autor d'aquest llibre és partidari d'establir principis des del quals es puguin regular les motivacions defensives o humanitàries que arribin a justificar l'inici d'una guerra (*ethica ad bellum*), exigir la protecció d'innocents, refugiats, ferits i presoners (*ethica in bello*), a més d'impulsar les pautes per a la pacificació social, penalització de criminals i reparació dels danys patits per les víctimes més fràgils (*ethica post bellum*). L'enfocament que inspira la composició d'aquesta obra se centra, doncs, en els plantejaments ètics sobre les guerres desenvolupats pels pensadors més lúcids de la història, des d'Atenes a l'actualitat.

Mark Coeckelbergh, *Por qué la IA debilita la democracia y qué hacer al respecto.*
Madrid: Tecnos, 2024, 152 pàg.

L'autor d'aquest llibre s'atura a examinar les raons i els modes pels quals la implantació desregulada de la IA com la que estem vivint afecta les nostres democràcies, afeblint principis tan importants per a llur pervivència com ara són els de la llibertat individual i la igualtat entre la ciutadania. Reivindica no només la recerca i la implantació de tecnologies més democràtiques des de llur base, sinó també la creació de noves institucions polítiques, així com un replantejament de l'educació que rebem en relació amb la tecnologia i el seu ús per assegurar que la intel·ligència artificial acabi resultant un bé comú per als éssers humans.

Cath Ennis i Oliver Pugh, *Epigenética. Una guía ilustrada.*
Madrid: Tecnos, 2024, 192 pàg.

L'epigenètica, com a camp de la biologia, investiga com i per què heretem trets, contraiem malalties i envellim; en definitiva, com evolucionem com a espècie. Aquest còmic de no-ficció examina els efectes epigenètics del nostre entorn i de les nostres experiències, perquè determinats gens estan «encesos» o «apagats» en diverses fases del desenvolupament embrionari, i com els científics han invertit l'especialització d'algunes cèl·lules per clonar granotes a partir d'una sola cèl·lula intestinal.

Joan Guitart Boixader, *Controversias filosóficas: materia, ¿solo materia?*
Sevilla: Editorial Aula Magna, 2024, 344 pàg.

Aquest volum ha estat escrit per un metge de professió que ha fet de la filosofia un àmbit de reflexió constant des de la seva joventut. Hi sosté que l'aspiració al coneixement ha de basar-se en uns criteris realistes de caire aristotèlics per fonamentar i valorar les idees, posant en valor les diverses vies d'accés al coneixement, així com desvetllar les estratègies d'engany i manipulació davant de les derives escèptiques i materialistes de la postmodernitat.

Juan Arana (dir.), *El futuro de la identidad humana a debate. Protagonistas de la polémica sobre el transhumanismo.*
Madrid: Tecnos, 2024, 320 pàg.

Aquest volum col·lectiu recull les contribucions d'un seminari celebrat a la Fundació Tatiana de Madrid al voltant dels debats sobre el transhumanisme. Segons alguns estudiosos, la confrontació entre bioconservadors i transhumanistes presidirà tot el debat polític i ideològic del segle XXI. Es tracta d'arribar a una definició sobre la pròpia identitat de l'espècie humana, on el futur la pot portar i la pròpia possibilitat de transformar-la, sense prescindir de l'eventualitat de la seva desaparició per donar pas a una posthumanitat encara per definir.

William K. Clifford i William James, *La voluntad de creer. Un debate sobre la ética de la creencia*.
Madrid: Tecnos, 2024, 184 pàg.

Aquest volum recull els assaigs de W. K. Clifford i W. James sobre la polèmica que van mantenir al voltant del paper de la naturalesa passional a l'hora d'adoptar creences filosòfiques, religioses o sentimentals. Davant del rebuig del matemàtic Clifford sobre la moralitat d'una decisió basada en la creença, el psicòleg i pragmatista James defensà la legitimitat de buscar fonamentar científicament una fe voluntàriament acceptada. Un estudi preliminar de Luis M. Valdés Villanueva ofereix una panoràmica del context filosòfic i social de l'època, així com una anàlisi dels detalls menys coneguts d'aquesta polèmica.

Armando Pego Puigbó, *Qohélet / Lector. Alegría en tiempos de vaciedad*.
Salamanca: Universidad Pontificia de Salamanca, 2024, 164 pàg.

Aquest llibre proposa fer un recorregut per lectures del llibre bíblic de l'*Eclesiastès*, des d'algunes pròpiament literàries com les de José Jimenez Lozano o T. S. Eliot fins les exegètiques de S. John H. Newman o S. Jerònim, a fi de tornar al seu significat actual mitjançant una revisió de l'obra del poeta grec Teognis. Davant les reiterades temptacions suïcides que s'atribueixen a la civilització occidental, la lectura i la glossa agraeixen la creació com a força de contenció contra qualsevol auguri de desastre.

COMPRENDRE

revista catalana de filosofia
Vol. 26/2 Any 2024

Editorial

Articles / Articles

Ressenyes / Reviews

NORMES DE PUBLICACIÓ

· *Comprendre* és una revista de caràcter científic i de recerca que es publica dues vegades a l'any i que està oberta a treballs que tractin els àmbits clàssics de la filosofia: metafísica, epistemologia, lògica, ètica, filosofia de la ciència i de la natura, antropologia, història de la filosofia, filosofia de la religió, estètica, etc. Està dirigida a un públic universitari interessat pel debat filosòfic i humanístic actual.
· *Comprendre* accepta tres tipus de treballs: articles, notes crítiques i recensions. Els articles i les notes crítiques han de ser originals i inèdits i han d'estar escrits en català o en les principals llengües europees. Només s'admetran recensions en català.
· Cal enviar a l'adreça electrònica de la revista (comprendre@salle.url.edu) un fitxer preferentment en format Word. Els articles no sobrepassaran les 9.000 paraules (notes i bibliografia incloses), mentre que l'extensió màxima de las notes i de les recensions serà de 6.000 i 2.500 paraules, respectivament.

Tipus de lletra: *Times New Roman, cos 12, interlineat 1,5.*
· Cal incloure-hi en la llengua del treball i en anglès un títol i un resum (*abstract*) (120 paraules màxim), destacant-hi, a més, cinc paraules clau també en ambdós idiomes.
· Les anotacions a peu de pàgina es numeraran correlativament. Les referències bibliogràfiques es poden presentar també al final del text, sempre per ordre alfabètic d'autors.

Cal seguir les següents normes d'estil en totes les citacions, així com en la bibliografia final. L'autor/a es compromet a lliurar el seu manuscrit respectant aquests criteris:
Tipus de lletra: *Times New Roman, cos 10, interlineat senzill.*
a) per als llibres:
Nom complet de l'autor/a COGNOMS (en versaleta). *Títol* (en cursiva). Lloc d'edició: Editorial, any.
Exemple:
Hanna ARENDT, *La condició humana.* Trad. d'Oriol Farrès. Barcelona: Empúries, 2009.
b) per als articles de revista:
Nom complet de l'autor/a COGNOMS (en versaleta), «Títol de l'article». *Nom de la publicació periòdica* (en cursiva) [Lloc d'edició], 000 (número), 0000 (any), pàg. 00-00.
Exemple:
Carles LLINÁS, «Gerhard Krüger: Einsicht und Leidenschaft (Intel·ligència i passió). Una entrada "platònica" en el pensament del segle XX». *Comprendre. Revista catalana de filosofia* [Barcelona], IX/1-2, 2007, pàg. 159-189.

· Cal afegir al final de l'article les referències bibliogràfiques utilitzades.
· Les dades personals i acadèmiques de l'autor s'han de presentar en un fitxer a part. Han de constar-hi nom i cognoms, la institució acadèmica a la qual està vinculat, el número ORCID i una adreça electrònica vigent.
· *Comprendre* segueix els criteris de conducta ètica per a la publicació dels articles i les notes crítiques. Per això requereix que els/les autors/autores adjuntin un compromis signat de compliment de bones pràctiques juntament amb els seus manuscrits. N'està disponible un model a la web de la revista.
· Els originals rebuts, siguin articles siguin notes, se sotmetran anònimament a l'informe de dos especialistes externs designats pel Consell de Redacció, el qual es reserva el dret de publicació. Es comunicarà raonadament als autors l'acceptació o el rebuig del seus treballs en el termini màxim de sis mesos.
- *Instruccions als avaluadors*: s'avaluaran l'originalitat, el rigor acadèmic i la metodologia, la bibliografia i l'estil de l'article, abans de procedir a recomanar-ne o no la publicació o a sol·licitar-ne modificacions.

GUIDELINE FOR CONTRIBUTORS

· *Comprendre* is a scientific review which publishes two issues a year. It is opened to contributions on the classic fields of philosophy: metaphysics, epistemology, logical, ethics, philosophy of science, anthropology, history of philosophy, philosophy of religions, aesthetics, etc. It is addressed to an academic audience interested in the current philosophical and humanistic debates.
· *Comprendre* accepts three types of contributions: articles, critical notes and short reviews. Only original manuscripts not published previously and written in Catalan or in the main European languages (English, Spanish, French, German, Portuguese and Italian) will be considered for publication. Book reviews will be written only in Catalan.
· Contributions will be submitted electronically (comprendre@salle.url.edu) in a Word format file. Articles should not exceed 9000 words (including notes and bibliography). Critical notes should not exceed 6000 words. Short reviews should not exceed 2500 words.

Type of letter: *Times New Roman,* body *12,* space *1,5.*
· The title, an abstract (120 words max.), and five key words in both the original language and English must be added at the beginning of the contributions.
· Citations in footnotes will be numbered continuously. Bibliographical references can be placed in a final Work Citations section, always in alphabetical order by authors.

The next guidelines are mandatory to be followed in all the citations, as well in the final Work Citations section:
Type of letter: *Times New Roman,* body *10,* space *1.*
a) For Books:
Full Author's name SURNAME (small capital), *Títle* (italics). Place of edition: Publisher, year
Example:
Simone WEIL, *Waiting for God. Translated* by G. Craufurd. New York: Harper Perennial, 2009.
b) For Articles:
Full Author's name SURNAME (small capital), «Títle of the article». *Name of the periodical pubblication* (italics) [Place of edition], 000 (number), 0000 (year), pp. 00-00.
Example:
Carles LLINÁS, «Gerhard Krüger: Einsicht und Leidenschaft (Intel·ligència i passió). Una entrada "platònica" en el pensament del segle XX». *Comprendre. Revista catalana de filosofia* [Barcelona], IX/1-2, 2007, pp. 159-189.

· The bibliographic references used should be added at the end of the article.
· Personal and Academic affiliation should be included in a cover sheet, containing an operative electronic address as well as number ORCID.
· *Comprendre* follows the Code of Conduct for Publication Ethics in the case of articles and critical reviews. Authors are required to attach a contributor's form with the manuscript. A model is avalaible in its web.
· Contributions will be submitted to an external blind review process. The right of publication is reserved to the Editorial Board. The author will receive a response in six months. The acceptance or the refusal will be reasoned.
· *Guidelines for evaluators:* before being recommended to be published or not, or even to be modified, the articles will be evaluated according to the following items: originality, academic rigueur and methodology, bibliography and correct style.

Ética de la consideración

Corine Pelluchon

344 páginas
14,1 x 21,6 cm
ISBN: 978-84-254-5031-0
Precio c/ IVA: 28,00 €

¿Por qué tenemos tantas dificultades para cambiar nuestros estilos de vida cuando nadie puede negar que nuestro modelo de desarrollo tiene un impacto destructivo a nivel ecológico y social, por no hablar de la intensidad de la violencia infligida a los animales?

Para Corinne Pelluchon, la superación de este desafío pasa por cerrar la brecha entre la teoría y la práctica mediante el desarrollo de una ética de la virtud. En lugar de centrarnos en los principios o consecuencias de nuestras acciones, la autora se interesa por nuestras motivaciones concretas; por las representaciones y afectos que nos empujan a actuar. ¿Qué rasgos morales pueden ayudarnos a disfrutar de hacer el bien, en lugar de estar constantemente divididos entre la felicidad y el deber?

La ética de la consideración bebe de las morales antiguas, pero rechaza su esencialismo y se asienta en la humildad y la vulnerabilidad. La autora define la consideración como *transdescendencia*: un movimiento de profundización que permite al sujeto experimentar el vínculo que lo une a otros seres vivos y transformar la conciencia de su pertenencia al mundo común en un conocimiento y compromiso vividos.

Pelluchon, lejos de dejar al lector a merced de una nueva ética, describe en este libro las etapas por las que la ética de la consideración puede llegar a convertirse en una actitud global.

Herder Editorial S.L.
Provenza, 388
08025 Barcelona, España
Telf.: +34 934762626
www.herdereditorial.com

Ética de la inteligencia artificial

Luciano Floridi

464 páginas
14,1 x 21,6 cm
ISBN: 978-84-254-5065-5
Precio c/ IVA: 42,00 €

La revolución digital acaba de empezar y tiene una magnitud que aún es difícil de dimensionar. Nos encontramos frente a un fenómeno novedoso, veloz, multifacético, que sin duda está escribiendo un nuevo capítulo en la historia de la humanidad. La vida, tal y como la conocemos hoy, se ha vuelto impensable sin la presencia de servicios, productos y prácticas digitales; y la inteligencia artificial acapara ahora todas las miradas, desde que ha dado el salto de los laboratorios a una infinidad de aplicaciones cotidianas.

Por su evolución acelerada, los intereses que pone en juego y sus consecuencias todavía impredecibles, la inteligencia artificial puede emplearse tanto de forma ética como no ética. De allí que Luciano Floridi, uno de los mayores expertos en filosofía de la información, afirme que tenemos no solo la oportunidad, sino la obligación de darle a esta nueva herramienta una forma positiva que beneficie a la humanidad y a nuestro planeta.

Con este libro, el autor pretende contribuir al desarrollo de una filosofía de nuestro tiempo para nuestro tiempo. Porque no debemos caminar dormidos hacia la creación de un mundo cada vez más digital. El insomnio de la razón puede generar errores monstruosos, a veces irreversibles.